UNIVERSALE
ECONOMICA
FELTRINELLI / SAGGI

Vale ♡

20/12/2022 ~ 18/01/2023

"Ad essere troppo amari,
se ne vanno tutti,
Ad essere troppo dolci
ti si mangiano tutti"

ROLF SELLIN

Le persone sensibili sanno dire no

Affrontare le esigenze degli altri senza dimenticare se stessi

Traduzione di Cristina Malimpensa

Titolo dell'opera originale
BIS HIERHER UND NICHT WEITER
WIE SIE SICH ZENTRIEREN, GRENZEN SETZEN UND GUT FÜR SICH SORGEN
MIT TEST: WIE GUT KÖNNEN SIE SICH ABGRENZEN?

Traduzione dal tedesco di
CRISTINA MALIMPENSA

Prima edizione in "Urra Feltrinelli" settembre 2014
Prima edizione nell'"Universale Economica" – SAGGI agosto 2015

Stampa Nuovo Istituto Italiano d'Arti Grafiche - BG

ISBN 978-88-07-88697-3

Indice

Capita anche a voi ogni tanto?

- Vi riesce spesso difficile rifiutare un favore a qualcuno?
- A volte lavorate fino a tardi senza concedervi pause, per poi constatare il giorno dopo di non riuscire più a combinare niente?
- Tendete a dare più di quanto avreste dovuto?
- Esistono situazioni in grado di farvi infuriare? Perdete il controllo, ogni tanto?
- Avete mai posto fine a un rapporto che aveva cominciato a starvi stretto?
- Avete a volte l'impressione di prestare troppo ascolto agli altri, ma di non trovare nessuno disposto ad ascoltare voi quando ne avreste bisogno?
- La convivenza con gli altri vi pesa, a volte?
- Quando interagite con gli altri, vi capita facilmente di perdere d'occhio il vostro punto di vista?
- Vi sentite di tanto in tanto costretti ad approvare il modo di vedere e le opinioni altrui?
- Indugiate molto prima di trovare il coraggio di rifiutare un invito?
- Vi fate carico a volte dei problemi altrui e vi scontrate con rifiuti quando proponete soluzioni?

- Tendete a mangiare o a bere più del necessario?
- Ritenete più importanti i desideri degli altri rispetto ai vostri?
- Vi è mai capitato di trovarvi a una festa e avere una gran voglia di tornarvene a casa, ma di non osare farlo e fingere di divertirvi?
- Vi riesce a volte difficile spegnere computer o televisore con l'inevitabile conseguenza di dormire poi troppo poco?
- Tendete a fare promesse o prendere impegni senza prima riflettere, per ritrovarvi poi nell'impossibilità di mantenervi fede?

Se anche voi preferireste:

- concedervi le giuste pause al momento giusto, in modo da rendere poi al meglio,
- prendervi maggiore cura di voi stessi,
- riuscire a dire no quando dovreste,
- relazionarvi all'altro in modo più rilassato,
- evitare di esasperare una situazione fino a essere costretti a rompere il rapporto,
- non dover scegliere "o tutto o niente",
- non ridurvi allo stremo delle energie,
- vivere rapporti trasparenti con il prossimo,

troverete in questo libro informazioni interessanti e metodi pratici per riuscire a stabilire i giusti limiti nelle varie situazioni della vita. Il test di autovalutazione in appendice vi permetterà inoltre di identificare in modo più preciso i settori nei quali dovete chiarire meglio al prossimo i confini da non superare.

PREFAZIONE

"Poni dei limiti!" – Sì, ma come?!?

"Poni dei limiti!" Facile a dirsi. Quante volte ci capita di sentirci fare questa raccomandazione! E, in genere, proprio quando meno lo vorremmo. In passato, quando ancora non ero in grado di stabilire tra me e il prossimo confini chiari e ben definiti, mi trovavo costretto ad accettare di buon grado questi "preziosi consigli". All'epoca non mi erano di aiuto, anzi: peggioravano ancora di più la situazione. Oltre a dover far fronte a ciò che ancora non riuscivo a tenere alla debita distanza, dovevo pure sopportare la delusione nel constatare che la persona alla quale avevo confessato il mio problema non solo non mi capiva e non mi era di aiuto, ma – come se non bastasse – mi liquidava con quella sentenza lapidaria. Magari era proprio la stessa persona alla quale, in altre situazioni, avevo dedicato un sacco di tempo per ascoltarla e offrirle conforto. E invece in quel momento mi accorgevo che, vedendomi in difficoltà, si limitava a prendere le distanze chiudendomi la porta in faccia, senza spiegarmi come avrei dovuto procedere concretamente per riuscire, alla fine, a stabilire questi famosi limiti. Quindi, a quel punto, ero costretto a farlo non solo nei confronti della prima persona (quella che, originariamente, aveva creato il problema), ma anche nei confronti di questo saccente presuntuoso! Il fatto era che all'epoca non avevo ancora la più pallida idea di come fare. L'unica cosa che percepivo era di essere sempre più sotto pressione.

Sono tanti a riconoscere quanto sia importante riconoscere i propri limiti e tracciare i propri confini. Non mancano coloro che ci invitano a farlo, tuttavia mancano metodi concreti su come riuscirci. Inoltre non vi è molta chiarezza per quanto riguarda i limiti e, una volta appreso un metodo su come stabilirli, non è detto che si riesca ad applicarli in modo efficace, poiché non si sono fatti i conti con eventuali ostacoli e imprevisti. Questo libro tratta proprio di questo: cosa sono i limiti e dove risiedono, come riuscire a stabilirne in modo reale a livello mentale e fisico attraverso segnali comunicativi ed energetici. Si parlerà inoltre degli ostacoli e della resistenza con i quali è quasi inevitabile scontrarsi. Seguirà infine un metodo che andrà oltre il discorso dei limiti e che sarà di aiuto nelle situazioni in cui stabilire una distanza tra sé e il prossimo *non* è possibile.

Cosa non significa "definire i propri confini"

Mi è capitato spesso di essere frainteso, pertanto desidero fare subito una precisazione: quando alcune persone sentono parlare di stabilire limiti e confini, pensano immediatamente che equivalga a erigere mura insormontabili, a rifiutare ogni contatto sociale o a rompere i ponti con il prossimo. Sembrano conoscere solo due alternative: o essere totalmente aperti nei confronti altrui, o chiudersi del tutto. O una cosa, o l'altra. Non c'è una via di mezzo. Un tempo questo valeva anche per me. O, ingenuamente, mi dimostravo troppo disponibile – e quindi facilmente vulnerabile – o mi ritiravo offeso e diffidente in me stesso, chiudendomi al resto del mondo dopo essermi dimostrato *troppo* aperto nei suoi confronti. Nei casi estremi arrivavo a rompere definitivamente il rapporto. Sono errori nei quali io per primo sono caduto! A volte è proprio impossibile non farlo. Con il senno di poi sono addirittura contento di averli commessi, perché gli sbagli, le colpe e il dolore ci permettono di acquisire consapevolezza e di crescere. Solo poco alla volta ho cominciato a capire che tra quei due estremi esistono infinite possibilità di contatto tra noi e il prossimo. Solo trovare il giusto equilibrio tra aprirsi e chiudersi al mondo ci permette di incontrare l'altro e avvicinarci a esso; ci impedisce di dimenticare noi stessi e previene il rischio che gli altri ci feriscano o ci sfruttino.

Stabilire i propri confini in modo corretto equivale a trovare il giusto equilibrio di intimità e di distanza in ogni situazione. Così facendo si riesce a stare con gli altri senza dimenticare se stessi, a rimanere in contatto con il prossimo senza perdere la propria autonomia. Porre dei confini netti tra noi e l'altro non significa escluderlo, né erigere mura invalicabili o rompere rapporti. Limiti e confini netti permettono comunicazione e amicizia. I limiti garantiscono rapporti sociali stabili e anche armonia e pace. Come recita un antico detto: "Buone recinzioni fanno buoni vicini!".

Limiti non solo nei confronti degli altri

Alcune persone tendono a non rendersi conto di quanto contribuiscono a far sì che l'altro superi determinati limiti, per esempio inviandogli segnali poco chiari nel corso della comunicazione. A volte ci capita persino di invitare in modo indiretto il prossimo ad avvicinarsi ulteriormente. Nei casi estremi dimentichiamo di avere distribuito in precedenza dei "lasciapassare" o degli "assegni in bianco". Alcuni di noi, poi, ignorano anche la propria tendenza a superare i confini altrui, dovuta semplicemente al non avere mai imparato a percepirli.

In ogni caso, i limiti che in assoluto si tende a ignorare più spesso sono quelli nei confronti di se stessi. Non sono importanti solo i limiti e i confini altrui, ma anche i propri, mi riferisco per esempio per quanto riguarda la nostra produttività ed efficienza, alle aspettative nei confronti della vita e alle pretese che avanziamo nei nostri riguardi. Mettendoci sempre più sotto pressione, alla fine otteniamo sempre meno. A quel punto non solo ci sentiamo insoddisfatti, ma sempre più spesso emergono quei sintomi che ci segnalano, un po' in ritardo, di esserci spinti troppo oltre.

Anche questo libro è stato scritto grazie alla capacità di porsi dei limiti. Se non mi fossi attenuto a un argomento e *limitato* a un determinato numero di pagine, se non mi fossi concentrato su quello che intendevo comunicare, questo manuale non sarebbe ora nelle vostre mani. Sarebbe diventato troppo prolisso, troppo costoso e – sì! – probabilmente a quest'ora non avrei ancora terminato il manoscritto... Anche voi dedicherete solo un tempo limitato a questo argomento, visto che nella vita ci sono tante attività interessanti.

Non solo per gli ipersensibili

Il mio primo libro, *Le persone sensibili hanno una marcia in più. Trasformare l'ipersensibilità da svantaggio a vantaggio*, l'ho dedicato alle persone ipersensibili, delle quali anch'io faccio parte. Gli ipersensibili (HSP – *Highly Sensitive Persons*) sono individui più facilmente irritabili rispetto agli altri. Tendono a guardare molto più in là del loro naso e a farsi carico non solo dei propri problemi, ma anche di quelli altrui. Di conseguenza, devono faticare il doppio. Gli ipersensibili che cercano di adeguarsi alla media sforzandosi di ignorare la loro natura estremamente delicata hanno fondamentalmente un problema a stabilire i propri limiti e confini. In genere non sono ben centrati su loro stessi, nemmeno dal punto di vista energetico. Per esempio, quando parlano con qualcuno tendono sovente a immedesimarsi in lui, dimenticando se stessi. Chi non è in sé a livello energetico non riesce nemmeno a fissare bene i confini tra sé e l'altro.

Gli ipersensibili che conoscono il mio precedente libro possono leggere questo manuale come una sorta di continuazione, poiché propone ulteriori metodi pratici per la vita di ogni giorno. Esso è pensato non solo per le persone particolarmente sensibili, ma per tutti coloro che hanno difficoltà a difendere il proprio spazio – e tra questi vi sono anche tanti con una sensibilità non eccessivamente spiccata. Se, tuttavia, durante la lettura di questo libro doveste cominciare anche voi a pensare di rientrare fra gli ipersensibili (che rappresentano comunque dal 15 al 20 per cento degli individui), raccomando anche a voi la lettura del mio primo libro, che fra l'altro include anche due test per capire se voi (o vostro figlio) rientrate effettivamente in tale categoria.

A voi la scelta: un libro da leggere qua e là o un intero seminario

Già il mio primo libro è diventato per molti una sorta di compagno fisso, una sorta di breviario da tenere sempre a disposizione sul comodino o nella libreria. Alcune copie rivelano una consultazione davvero assidua, poiché hanno post-it appiccicati qua e là a segnalare i passaggi più importanti e quasi in ogni pagina hanno sottolineature o frasi evidenziate. Si capisce subito che quel manuale è entrato a far parte della vita quotidiana del lettore e che è spesso consultato. Anche questo libro è inteso come compendio. I vari metodi proposti permettono infatti di applicare nella pratica le informazioni ricevute esercitandosi per un certo tempo.

Il presente manuale offre però qualcosa di più di informazioni su limiti e confini. Fornisce suggerimenti concreti per determinare la giusta distanza tra voi stessi e il prossimo e vi invita a sperimentare in prima persona i metodi suggeriti. Potrete scegliere se procedere a una prima lettura, in modo da comprendere i collegamenti e riconoscere come la mancanza di limiti e confini netti possa ripercuotersi negativamente sulla vostra vita, per poi procedere con i metodi e le tecniche suggerite, che rappresentano il principale pregio di questo libro. Spetta a voi lettori e lettrici decidere quanto trarre profitto dagli insegnamenti qui contenuti e quali confini stabilire tra voi e il mondo.

Procedete con gradualità nell'imparare a fissare limiti

Questo libro tratta le tematiche dello stabilire i propri confini nei confronti dell'altro e del riconoscere i limiti personali non solo a livello pratico, ma anche presentando metodi da applicare nella pratica. Non solo: esercitandosi con i metodi descritti si può imparare a conoscere meglio i propri limiti. In sostanza, questo significa evitare di andare oltre le proprie forze mentre si sperimenta.

Cercate quindi di procedere con gradualità. Se cercate di fare troppo e subito, potreste finire per ottenere risultati alquanto modesti. Ponetevi quindi voi stessi dei limiti, pur sapendo che procedendo con la lettura potrete sperimentare sempre di più. Concedetevi tempo anche se non vedete l'ora di risolvere il vostro problema. C'è solo un modo per imparare ad ampliare le proprie possibilità di azione: procedere passo dopo passo.

Capitolo 1

"Tutto è possibile!" Perché porsi dei limiti?

La maggior parte delle persone non ama sentire parlare di limiti e confini. Chi non vorrebbe un mondo senza limiti e barriere? Personalmente non ho bei ricordi legati ai confini. Alle spalle del paesino dove trascorsi i miei primi anni di vita passava proprio la frontiera tra Germania Est e Germania Ovest. Era severamente sorvegliata. Gli adulti si raccontavano storie di coraggiosi che avevano osato attraversarla, non tutti con successo: dopo qualche tempo non fu più possibile passare indenni tra i sistemi di sparo automatico. E poi un altro ricordo: i controlli di frontiera sul treno che portava da una zona all'altra erano sempre accompagnati dal batticuore.

Anche con i limiti in senso lato, come quelli che tratteremo nei capitoli di questo libro, le mie prime esperienze non sono state positive. Quando da piccolo esageravo, mio padre, in genere tollerante e bendisposto, andava su tutte le furie e cominciava a sbraitare. Con i limiti aveva un rapporto problematico, e lo stesso dicasi per mia madre, che invece in quelle situazioni non sbottava, ma ammutoliva e impallidiva, facendo così capire a me e ai miei fratelli che comunicare non era più possibile. A segnalarci questi limiti, quindi, erano sempre esplosioni o implosioni. Li individuavamo, pertanto, quando ormai era troppo tardi e questo suscitava in noi un certo senso di colpa. E a volte anche negli altri.

Anche questo avrei dovuto imparare a percepire: gli effetti positivi di limiti ben definiti. Purtroppo, invece, nel mio caso non apparivano così chiari e netti, perché erano qualcosa di consueto. Mi torna in mente la recinzione con il cespuglio di faggio oltre la quale noi bambini potevamo giocare indisturbati in giardino e che ci proteggeva dalla strada. Tra un arbusto e l'altro i nostri gatti potevano dormire e stiracchiarsi tranquilli, anche se i cani dei vicini abbaiavano dall'altra parte della recinzione. Così come, quando volevo starmene un po' tranquillo, potevo chiudere la porta della mia cameretta, come potevo tenerla aperta se non volevo sentirmi isolato mentre facevo i compiti. Anche in questo caso mi appariva chiaro che quello era il mio regno. Nello scrittoio avevo scoperto un cassettino che si apriva tramite un particolare meccanismo. Cominciai a custodirvi dapprima piccoli tesori, poi il diario, al quale confidavo ogni mio segreto. Un poco di farina per rilevare eventuali impronte avrebbe denunciato qualsiasi intrusione. Tutti questi limiti e confini offrivano protezione e garantivano pace, armonia e libertà.

L'ideologia del "no limits"

Lo spirito del tempo soffia da un'altra direzione. "Pensa in grande" è lo slogan diffuso, che spinge a guardare oltre i propri limiti. "Fate largo!" è la parola d'ordine – alle conseguenze si penserà dopo! Sono tante le tentazioni di spingersi oltre, di osare di più. Per esempio a livello finanziario, grazie al pagamento con le carte di credito. È un attimo perdere di vista i limiti del budget a disposizione. Poi se ne pagano le conseguenze e si è costretti a ripartire da un punto ben più arretrato rispetto a quello originario. Alla fine questa libertà finanziaria apparentemente illimitata viene a costarci molto. Conseguenza dell'idea della crescita infinita non è solo la crisi economica su vasta scala, ma anche tante piccole crisi individuali, anche in altri ambiti.

La pubblicità e i mezzi di comunicazione ci invitano continuamente a spingerci oltre i nostri limiti. Illudersi che non esistano ci fa credere che tutto sia raggiungibile sempre e da chiunque. Questo vale anche in altri settori, come dimostrano le aspettative nei confronti del rendimento e dell'efficienza propri e altrui. E se ancora non abbiamo raggiunto i nostri obiettivi, l'ideologia del "no limits" ha subito una spiegazione pronta: non siamo stati sufficientemente determinati! Questo modo di pensare trova una perfetta formulazione nella canzone *You can get it, if you really want*. Un messaggio ben camuffato da un ritmo reggae.

Questa ideologia parte dal concetto che i risultati raggiungibili siano illimitati e che esista un'uguaglianza di fondo, vale a dire punti di partenza identici per tutti: le stesse capacità e doti, le stesse condizioni fisiche, sociali e di salute, le stesse opportunità, gli stessi vantaggi e ostacoli lungo il cammino della vita. Questa idea di apparente uguaglianza viene poi scaltramente sfruttata per prendere le distanze dalla reale ingiustizia sociale: "Se non ce l'hai fatta è solo perché l'hai voluto tu!".

Eternamente infelici, mai all'altezza

Di Nicole, diciassette anni, chiunque direbbe che è una bella ragazza. Anche tra i coetanei riscuote successo. Sua madre, tuttavia, sa quanto soffre per il suo aspetto fisico: non si considera per niente attraente. Passa il tempo davanti allo specchio e si fa un sacco di problemi, tanto che nemmeno lei riesce a tirarla su. Ogni volta che si affronta l'argomento iniziano discussioni infinite sui vari difetti che la ragazza trova nel suo corpo: la forma e la grandezza del seno, il punto vita, i fianchi e infine il naso, che se solo avesse i soldi si farebbe ritoccare subito. Invece di godersi la vita, come potrebbe benissimo fare, Nicole se la complica fissandosi su quelle che considera inadeguatezze e sul continuo confronto con gli altri...

Che tante ragazze si tormentino con problemi simili è noto a tutti. Il fatto, però, è che così facendo non tormentano solo se stesse. Molti giovani, particolarmente esposti al condizionamento dei media e alla ricerca di figure di riferimento, soffrono di questa tendenza. Del fratello di Nicole, Karsten, si può dire la stessa cosa. Non si considera abbastanza uomo e in gamba, pur sforzandosi di sembrarlo. A volte esagera davvero e fa soffrire i genitori. La madre si chiede dove abbia sbagliato nell'educare i figli. In fondo ha fatto tutto il possibile! Nel corso del colloquio psicoterapeutico si rende conto di quanta pressione eserciti su se stessa pretendendo di essere perfetta come donna, moglie, madre e – non da ultimo – lavoratrice. Non si considera all'altezza in nessuno di questi ruoli, anzi, a volte una vera perdente, pur senza ragioni oggettive a conferma. Ha fatto davvero tutto quello che ha potuto, e spesso anche con successo.

Le situazioni delle tre persone descritte sono accomunate dal confronto tra una condizione reale limitata e una condizione ideale illimitata. Procedendo in questo modo ci si crea un problema che non esisterebbe se non ci si immaginasse di poter ottenere qualsiasi cosa. Tutto ciò che è reale viene percepito come qualcosa di carente, di insufficiente, in quanto rivela la propria limitatezza. La condizione presente non viene più considerata quindi alla luce dei suoi aspetti positivi e si ignorano i risultati raggiunti. Chi parte da una condizione ideale priva di limiti vive costantemente la convinzione di non essere all'altezza. L'ideologia del "no limits" è una ricetta infallibile per sentirsi insoddisfatti e infelici. Chi, al contrario, si focalizza sui risultati raggiunti vive uno stato di pienezza. E chi si pone obiettivi raggiungibili può conseguirli via via e sperimentare successi.

A scanso di equivoci sottolineo che non si tratta di sostituire l'atteggiamento pessimistico tanto diffuso con un ottimismo a priori, o viceversa. Si tratta di capire quanto l'idea dell'illimitatezza eserciti un influsso su di noi, quanto sia in grado di indebolirci e di renderci infelici. Se ignoriamo i nostri limiti del momento presente finiamo in genere in un circolo vizioso: nonostante gli sforzi, ci sentiamo impotenti e non otteniamo un granché. Così facendo, continuiamo a considerarci non all'altezza. A quel punto, o gettiamo la spugna e ci rassegniamo alla situazione, o ci sottoponiamo a una pressione ancora maggiore e aumentiamo gli sforzi. Questo, però, con il passare del tempo ci indebolisce ancora di più.

Un altro esempio di persone non in grado di porsi dei limiti è il lavoratore dipendente che, pur di dimostrarsi perfetto, è costantemente sull'orlo dell'esaurimento psicofisico. Quando non ci sentiamo all'altezza della situazione tendiamo ad adeguarci sempre più diventando facili vittime. E ancora, in quanto consumatori non vediamo più quello che già abbiamo, ma solo quello che ci manca, e cerchiamo in tutti i modi di procurarcelo. Ogni acquisto, non appena scartato, perde il fascino. Compriamo un cellulare e un attimo dopo pensiamo già al modello successivo, quello più avanzato. E se non si è in grado di porsi dei limiti, lo si vuole avere a tutti i costi, non avendo ancora imparato a sfruttare del tutto quello appena comprato. In fondo questo è l'atteggiamento più diffuso, di fronte al quale non ci si può difendere.

A livello politico rimaniamo impotenti poiché siamo aperti a tutti i problemi del mondo, ma non vediamo quello che potremmo fare noi, nel concreto. In questo modo viene a mancare la forza di un agire politico effettivo. Se non sappiamo definire i limiti ci consideriamo inadeguati, non all'altezza, e diventiamo facilmente manipolabili.

Erich Fromm ha scritto un libro dal titolo *Avere o essere?*. Io penso che nel clima che contraddistingue la nostra realtà sociale, prima di affrontare il cammino che porta all'essere si dovrebbe innanzitutto passare dal "voler avere" all'avere.

Delimitate il vostro "cantiere"

Nessuno riesce a portare avanti contemporaneamente tutto in tutti i settori. Dov'è che ce n'è veramente bisogno? Su quali ambiti ritenete importante concentrarvi e imparare a fissare meglio i limiti? In quale settore prevedete di riscontrare per primo risultati concreti?

Non so pormi dei limiti...

- nella tendenza a rimuginare e pensare troppo
- nelle emozioni e sensazioni
- in relazione alle mie sensazioni fisiche
- sul lavoro
- in quello che richiedo a me stesso
- in quello che richiedo al prossimo
- in quello che gli altri pretendono da me
- nei confronti degli stimoli provenienti dall'esterno

Ho difficoltà a tracciare confini precisi tra me e...

- i figli
- il partner
- gli amici
- i conoscenti
- le persone sconosciute
- i colleghi
- i superiori
- i clienti o i pazienti

Ho difficoltà a percepire e rispettare i confini...

- dei miei figli
- del mio partner
- dei miei amici
- dei miei conoscenti
- di persone sconosciute
- dei miei colleghi
- dei miei superiori
- dei miei clienti o pazienti

Limitare il vostro "cantiere" non significa non volere, non potere o non riuscire a crescere in altri settori. Fondamentale è procedere un passo per volta, dirigendo l'attenzione prima di tutto sulle lacune che avete in merito ai limiti e concentrando su di esse gli sforzi. Così facendo, otterrete i migliori risultati. Considerate anche i settori nei quali riuscite bene a difendere il vostro spazio. Passate un'altra volta in rassegna la lista, ora facendovi la domanda contraria: dove riesco a porre limiti chiari e netti e a farli rispettare? Forse avete scoperto dei modi efficaci per farlo, per cui in quegli ambiti non avete problemi e potete quindi dedicarvi agli altri.

Capitolo 2

Forti e sicuri di sé nel proprio territorio: dove sono i limiti e come ci accorgiamo se vengono superati

Molte persone vorrebbero tanto essere in grado di stabilire limiti e confini netti e riuscire a dire, una buona volta, "Fin qui, ma non oltre!", ma da una parte non conoscono metodi per farlo, dall'altra non sanno proprio dove tracciare quei limiti e confini. Stando a quello che dicono gli altri, si potrebbe quasi pensare di poterne stabilire a proprio piacimento. In realtà, limiti arbitrari di questo tipo non risulterebbero facili né da percepire, né da rispettare nel tempo.

In realtà è una questione di territorio

I limiti e i confini non sono l'obiettivo finale. Un confine delimita un territorio. Il nostro territorio appartiene a noi, al suo interno vogliamo sentirci liberi. Perciò non si tratta tanto di stabilire limiti e confini di per sé, quanto del territorio da proteggere che definiamo in base alle nostre idee, del quale siamo responsabili e nel quale vogliamo agire in piena autonomia. I confini in senso stretto (dalla siepe del giardino alle recinzioni e ai confini di frontiera tra uno stato e l'altro) segnano il passaggio da un territorio a quello di qualcun altro, o a una zona franca. Lo stesso vale per i confini in senso lato: anch'essi segnano il passaggio dal nostro ambito a quello di un'altra persona, o del mondo esterno. Di conseguenza, i nostri confini determinano anche il nostro rapporto con noi stessi, con gli altri e con quanto ci circonda.

I piccoli conflitti, ma anche le grandi guerre, sorgono sempre lungo una linea di confine. Chi conosce i propri limiti e confini, li rende chiari al prossimo e lui stesso è disposto a rispettarli; chi inoltre ha anche la forza e il coraggio di difenderli, è nella condizione ideale per vivere in pace e armonia con il prossimo. Più si cerca di prevenire possibili equivoci, meno ci si scontra con gli altri. Chi sa stabilire limiti e confini adeguati e rispetta per primo quelli altrui ha le maggiori opportunità di vivere sereno.

Non troppo stretti, non troppo ampi: la posizione dei limiti non è casuale

Tuttavia, per stabilire limiti e confini dobbiamo prima di tutto avere noi stessi un'idea chiara di dove si trovano. Se fissiamo limiti troppo stretti, indeboliamo noi stessi. Un campo troppo piccolo non basta a fornirci nutrimento. Un ambiente professionale troppo angusto ci tarpa le ali, ci fa sentire limitati e rischia di annoiarci. Non ci permette di sfruttare appieno tutte le capacità e il potenziale a nostra disposizione. Guardiamo al territorio confinante e ai vasti orizzonti del mondo là fuori con un po' di tristezza e il desiderio di potervi accedere. L'erba verde del campo del vicino potrebbe spingerci ad andare oltre i nostri confini, magari intromettendoci negli affari di un collega... ed ecco che l'armonia è già andata persa!

Anche se ci fissassimo limiti e confini troppo ampi, comunque, ci faremmo del male, poiché un territorio troppo esteso e a noi inadeguato ci richiederebbe sforzi eccessivi. Una volta al suo interno ci sentiremmo insicuri in un territorio che non siamo in grado di difendere. Se non riusciamo a occuparlo appieno da soli, gli altri potrebbero essere indotti a invaderlo. Se i nostri confini sono troppo lontani da noi ci separano anche dagli altri. Ci fanno sentire soli e isolati.

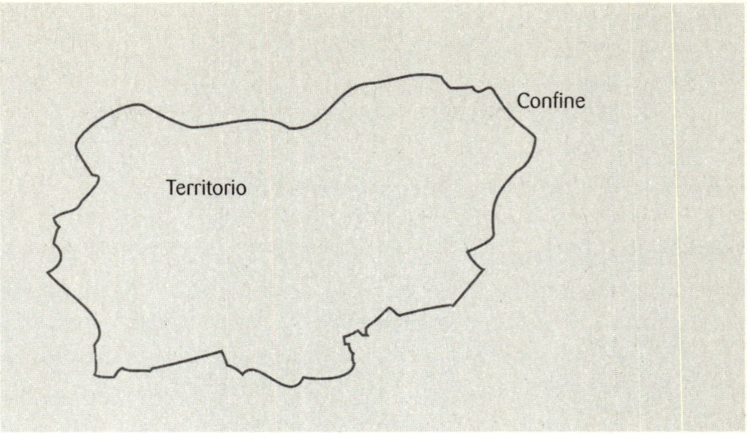

Il nostro limite è il confine del nostro territorio, vale a dire del nostro campo d'azione.

Il territorio ideale non è troppo piccolo per noi e, pertanto, non limita le nostre possibilità. Non deve però nemmeno essere troppo ampio e richiederci troppi sforzi, poiché anche questo finirebbe per crearci uno svantaggio. Meglio scegliere un territorio che corrisponde alle nostre forze e capacità, un territorio che siamo in grado di circoscrivere e coltivare, di cui essere responsabili e che possiamo difendere. E proprio lì dove le nostre forze, e con esse il nostro territorio, hanno fine, potremo tracciare il limite più adatto a noi.

L'assenza di limiti e confini può inoltre portarci a sprecare e dissipare le energie a nostra disposizione. La sfera delle possibilità illimitate può dare fondo in men che non si dica alle nostre forze. Coltiviamo un po' qui e un po' là, come capita, ma ricaviamo troppo poco rispetto al lavoro svolto, e questo ci esaurisce. Ci sentiamo in balìa del mondo e delle sue possibilità. Altri si fanno avanti e cercano di invadere il nostro spazio, a meno che non siamo molto forti e riusciamo a imporci. A quel punto, però, potremmo diventare noi stessi una minaccia per i confini altrui... Anche in questo modo non adegueremmo la posizione dei nostri confini alle nostre reali forze. Un territorio che rispecchi appieno le nostre forze e capacità riesce anche a infonderci fiducia e a fornirci appoggio. È lì che risiedono i nostri limiti, dove la forza di cui disponiamo si esaurisce. Anche in senso lato.

Stabilire i limiti: una questione di percezione

I problemi nello stabilire limiti e confini sono spesso problemi legati alla percezione. Ci rendiamo conto solo a posteriori di avere preteso troppo da noi stessi e di avere superato i nostri limiti. E riconosciamo spesso troppo tardi che qualcun altro non li ha rispettati. Lo facciamo solo quando quel qualcuno si trova già al centro del nostro territorio e il momento per correre ai ripari è passato da tempo. Solitamente si è concesso un po' troppo a quella persona, magari senza nemmeno accorgersi di cosa si stava facendo. Non sapevamo nemmeno che lì c'era un limite. Ora è troppo tardi. Magari abbiamo pure fatto il suo gioco, abbiamo inviato i segnali sbagliati o sorriso come per invitarlo a farsi avanti ancora un po'. Abbiamo contribuito al superamento del confine. Per questo non ha molto senso incolpare l'altro per averlo fatto. Senza il contributo da parte nostra, nella maggior parte dei casi non si sarebbe arrivati a quel punto.

Il primo passo per imparare a presidiare i limiti che imponiamo agli altri non consiste quindi nel mettersi sulla difensiva, ma nel concentrarsi sulla percezione. E questa capacità manca a molte persone. Se la posizione dei limiti rispecchia le nostre forze, vi è una differenza tra lo spazio compreso tra di essi e quello esterno: finché nessuno supera i nostri confini ci sentiamo potenti e capaci. La situazione cambia quando invece non vengono rispettati; in quel momento ci sentiamo sotto pressione. Possiamo sfruttare questa tensione per difendere il nostro territorio, ma se preferiamo, possiamo anche fare un passo indietro e rassegnarci al ruolo limitato che ormai ci spetta. Si tratta quindi di una percezione diversa rispetto a quella cui siamo abituati e alla quale si pensa solo nel momento in cui si ricorre alla parola. La vista, l'udito, l'olfatto e il gusto non c'entrano niente: quella di cui parliamo è la percezione del corpo, il riuscire ad avvertirci a livello fisico: sono ancora forte o comincio già a perdere energie?

UN ESEMPIO A TAVOLA. Al primo assaggio, la torta è davvero squisita; al secondo, in genere, ancora meglio. Più ne mangiate, più la gustate. A un certo punto, però, ne prendete un'altra forchettata e il gusto non è più così buono. Se continuate a mangiare, la torta vi piace sempre meno. Il vostro limite è proprio lì dove l'avete gustata al massimo.

IN PALESTRA. Chi solleva sempre e solo pesi leggeri si limita nelle proprie possibilità. Ben presto perderà la voglia di allenarsi, perché non si diverte più. Se, al contrario, optasse per pesi troppo pesanti, crollerebbe nel cercare di sollevarli. Senza arrivare a casi estremi, a volte anche un chilo in più può bloccarci. A quel punto si regredisce, anziché fare progressi, e di conseguenza ci si sente deboli.

SUL LAVORO. Chi sul lavoro deve dare meno di quanto sarebbe in grado di dare, finisce per annoiarsi. Dopo una giornata nella quale non si è avuto niente da fare ci sentiamo più stanchi di quando siamo impegnati da mattina a sera. D'altro canto, stiamo male anche se pretendiamo troppo da noi stessi. Sul lavoro ci sentiamo bene quando l'impegno a noi richiesto ci porta a muoverci all'interno dei nostri limiti, senza arrivare a superarli.

Gustiamo al massimo la torta e ci sentiamo nella forma migliore durante l'allenamento in palestra quando ci muoviamo all'interno di quella zona poco distante dal nostro limite, che segna il passaggio tra il chiedere troppo alle nostre forze, o troppo poco. Questa zona ideale si trova appena prima dei nostri limiti. Chi riesce a individuarla attraverso il corpo si mantiene al suo interno senza spingersi oltre e si gusta la torta, si diverte mentre si allena o fa progressi mentre lavora. È il nostro corpo a indicarci se ci troviamo, o meno, in quella zona.

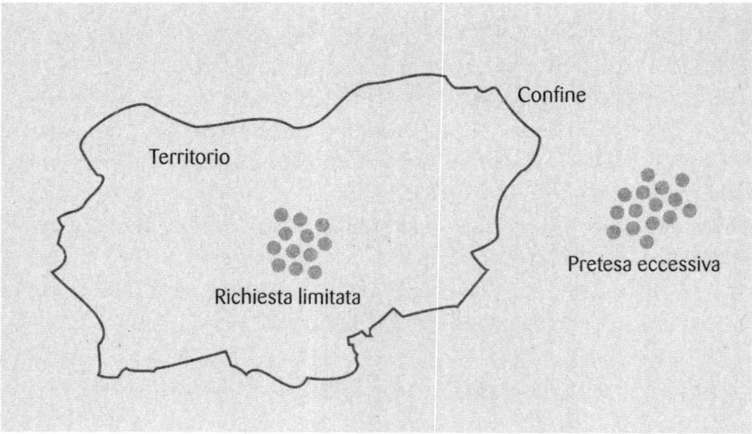

Se ci manteniamo troppo lontani dai nostri limiti, chiediamo troppo poco a noi stessi. Se li superiamo, pretendiamo troppo.

Riconoscere di superare i limiti – possibilmente per tempo

Per riuscire a individuare per tempo e in ogni situazione il superamento di un limite – in ambito lavorativo, con gli amici, in famiglia – è necessario essere in contatto con il proprio corpo, riuscire ad avvertirlo. Quando superiamo dei limiti avvengono in noi reazioni fisiche, immediatamente seguite da impulsi come l'attacco o la fuga. Un attimo prima regnava ancora l'armonia e all'improvviso ci ritroviamo fuori dalla "zona benessere".

ACUIRE LA FACOLTÀ PERCETTIVA CHE CI FA CAPIRE DI AVER SUPERATO UN LIMITE

Da cosa capite che gli altri vi si avvicinano troppo?
Situazioni di questo tipo sono più frequenti di quanto ci si immagini. Provate, per esempio, a ripensare a cosa vi è capitato al supermercato. Eravate in coda davanti alla cassa. Mentre voi riuscivate a regolare abbastanza bene la distanza dalla persona

che vi precedeva, avevate l'impressione che quella alle vostre spalle vi stesse troppo attaccata. Come avete fatto a rendervene conto, visto che non avete occhi sulla nuca e probabilmente non vi eravate nemmeno voltati per accertarvene? Riuscivate a percepire una distanza troppo ridotta anche se la persona dietro di voi non vi aveva toccati?
Sì, riuscivate comunque a percepirla. Cosa avete provato, esattamente, in quella situazione? Come ha reagito il vostro corpo? Provate a richiamare alla memoria quella sensazione con esattezza. Cosa l'ha attivata di nuovo in voi?
Se non riuscite a ricordare alcuna esperienza simile, cercate di ritrovarvi in una situazione che implichi necessariamente una distanza minima tra voi e altra gente, in modo da sentirvi sotto pressione. Luoghi ideali potrebbero essere un ascensore, la metropolitana o il foyer di un cinema poco prima dell'ingresso nelle sale. Memorizzate con precisione cosa provocano in voi il senso di ristrettezza e di vicinanza forzata con il prossimo. Prestate anche attenzione a quali emozioni e impulsi sentite sorgere in voi.

Da cosa capite che i vostri confini sono stati superati?

Riportate alla mente una situazione nella quale qualcuno vi si è avvicinato eccessivamente non solo a livello fisico, ma ha superato i vostri confini anche in senso più ampio. Potrebbe essere il caso di una cara amica che ogni volta vi racconta nei minimi particolari tutti i suoi problemi di coppia, nonostante conosciate a memoria la storia del suo matrimonio; oppure la vicina di casa un po' troppo curiosa; o, ancora, familiari che vi pianificano il tempo libero senza nemmeno consultarvi e vi mettono di fronte al fatto compiuto. Quando questo è accaduto...

- Cosa avete avvertito, esattamente, mentre vi trovavate in quella situazione?
- Come ha reagito il vostro corpo?

- E cosa vi ha provocato il riportare la situazione alla memoria?
- La domanda decisiva: *quando* vi siete accorti che i vostri limiti erano stati superati? Lo avete notato subito o solo più tardi? Quanto ci è voluto prima che vi sia apparso evidente? Eravate ancora nella condizione di fare qualcosa per evitarlo? Ne avete approfittato per chiarire la situazione e difendervi? Oppure questi limiti fissati troppo tardi hanno solo aggravato ulteriormente la situazione?

È interessante riflettere sul momento esatto in cui viene superato un limite, e la sensazione di fastidio raggiunge l'intensità massima.

- Come vi sentite in quella situazione se non chiarite quali sono i limiti?
- Come vi sentite subito dopo avere posto dei limiti precisi?
- Come vi sentite un po' più tardi?
- Come vi sentite nella situazione in cui vi autolimitate?
- E come vi sentite subito dopo?
- E più tardi?

Il fattore tempo sembra giocare un ruolo rilevante. Spesso l'alternativa è tra una sensazione di disagio momentaneo e una più prolungata nel tempo. Pertanto, anche se in un primo momento cercare di chiarire le distanze può richiedere uno sforzo, poi permette di sentirsi meglio più a lungo.

A Elfriede costava fatica deludere la persona che stava cercando di convincerla al telefono ad abbonarsi a una rivista. Quando però rifletté sul fatto che, se avesse accettato, da quel momento in poi si sarebbe ritrovata ogni settimana nella cassetta della posta una rivista che non le interessava più di tanto, che ogni mese ne avrebbe visto addebitati i costi sul conto corrente e un giorno avrebbe dovuto sbrigare un sacco di pratiche per disdire l'abbonamento, capì senza ombra di dubbio che le conveniva far valere le sue ragioni (anche se le costava fatica), piuttosto che ritrovarsi in seguito tutte quelle scocciature.

Con la testa superiamo spesso i nostri limiti

Facendovi attenzione si riscontrerà che è proprio la mente a essere meno in grado di riconoscere i limiti della persona e rispettarli. In molte occasioni la mia testa li ha ignorati.

Un esempio. Capita spesso che mi illuda di fare quello che fanno altri. La testa mi suggerisce: "Se ci riesce lui, perché non dovresti riuscirci anche tu?". Se seguo questo consiglio, mi accorgo immediatamente di aver esagerato nelle aspettative. E a quel punto le mie capacità si rivelano anche inferiori rispetto al solito. Non ho valutato obiettivamente me stesso e la mia condizione, ma solo chi era in grado di superare una determinata prova, oppure ho pensato in termini generici ("Si dovrebbe..."). Allo stesso modo, in situazioni differenti la testa mi ha suggerito eccessive attenzioni e riguardi. In quei casi mi sono frenato troppo, senza sfruttare tutte le possibilità a mia disposizione. La mente mi ha indicato un'incapacità in realtà inesistente.

Esercizio: riflessione sul superamento dei limiti

Immaginate una situazione reale nella quale vi siete spinti oltre i vostri limiti e poi ne avete dovuto sopportare le conseguenze. Forse vi verrà in mente un episodio più o meno significativo risalente alla settimana scorsa.

- A cosa avete pensato?
- A che conclusioni siete giunti?
- Qual è stato il momento preciso in cui il limite è stato superato?
- Quali pensieri vi hanno spinto a farlo?
- Quali emozioni hanno contribuito a spingervi a farlo?

Ripercorrete con la mente l'intera situazione, stavolta tenendo conto di quelli che sono i vostri limiti.

- Cosa vi ha permesso di individuare il limite?
- Cos'altro percepite dell'intera situazione?
- A cos'altro prestate attenzione?
- Cosa andava fatto per rispettare il limite?
- In cosa avreste dovuto essere più cauti per ottenere un risultato finale più soddisfacente?

Se imparate a percepire il corpo e come vi sentite, ne potete approfittare in modi svariati. Vi rendete conto per tempo di quando vi serve una pausa. Di quando avete sete. Di quando adottate una postura che non vi fa stare bene. La percezione della condizione fisica è la premessa per prendersi cura di sé e considerarsi responsabili di ciò che si fa. In questo modo vi mantenete attivi ed efficienti a lungo. Solo così potete lavorare in maniera economica ed ecologica al tempo stesso. Ci si riesce solo prestando attenzione ai propri limiti.

L'agente segreto nella nostra testa

Il nostro modo di pensare è una forma di adeguamento al mondo. Da piccoli non lo abbiamo appreso sempre da soli, ma spesso abbiamo imitato gli adulti che ci circondavano. Gli schemi intellettivi da loro adottati e i rispettivi contenuti si sono fissati in noi. Anche se, più avanti, cerchiamo di formulare pensieri nostri, nel profondo di noi stessi, nelle sinapsi, rimangono radicati gli antichi modelli di pensiero, che molte volte si rivelano più forti di quelli nuovi che cerchiamo con più consapevolezza di adottare (talora solo riflesso e contrapposizione di quelli già esistenti).

Una forma di pensiero consiste nell'adeguarsi alle norme e alle richieste del mondo esterno. Così facendo ci allineiamo agli altri, adattiamo noi stessi. E anche gli altri applicano a noi questo tipo di percezione e di giudizio: abbiamo soddisfatto le aspettative di efficienza? Verremo sostituiti?

Veniamo elogiati, criticati e giudicati. E il nostro modo di pensare si adatta di conseguenza. Quindi guardiamo agli altri, ci confrontiamo con loro e ci adeguiamo a criteri esterni a noi.

Il cuore crea ponti e unisce

Nemmeno il cuore può aiutarci a stabilire confini con il mondo esterno. Di limiti si intende ancor meno della testa. Le emozioni ci uniscono agli altri e fungono da barometro per i contatti e i rapporti sociali. Proviamo una sensazione di felicità quando ci rapportiamo agli altri in modo adeguato e soddisfacente. Se questo non avviene, o incontra degli ostacoli, a livello emotivo reagiamo di conseguenza. Per sua natura il nostro cuore desidera essere felice, pertanto cerca di gettare ponti per collegarci agli altri e rendere anch'essi felici.

Quando l'eccessiva schiettezza si rivela offensiva, il cuore tende a ritirarsi in se stesso e a occuparsi della ferita. La reazione può essere talmente estrema da portarlo a voler escludere completamente il prossimo. Il cuore è del tutto spontaneo. Quando prova benevolenza e simpatia (o addirittura amore!), scatta il segnale di allarme, poiché le emozioni potrebbero facilmente portarci a invadere gli spazi dell'altro. E a quel punto si rischierebbe di offendere e ferire, nonché di provocare delusioni.

Per quanto riguarda i limiti, le emozioni non sono in grado di aiutarci. A me che sono psicoterapeuta, per esempio, il cuore ogni tanto suggerisce: "Non si può far aspettare così tanto quella povera paziente! Forza, lavora un po' di più stasera! In fondo lo fai volentieri!". E quando si rivolge alla testa in cerca di aiuto, quest'ultima annuisce e gli porta l'esempio dei giovani medici nell'ambulatorio sotto il mio studio, anche loro spesso disposti a orari prolungati.

Solo il corpo sa individuare i nostri limiti

L'unico che conosce bene i nostri limiti è il corpo. Quando li superiamo, la nostra "pancia" se ne accorge subito. Ci sentiamo deboli, eppure quante volte ignoriamo questa sensazione, completamente immersi in un'attività che ci richiede il massimo di attenzione ed energie. Ma il nostro corpo si accorge anche di quando sono gli altri a non rispettare le giuste distanze. Senso di oppressione al petto, formicolii fastidiosi – sensazioni che con il tempo si fanno via via più intense. Alcuni sentono crescere dentro di sé collera e aggressività. Altri reagiscono seguendo l'istinto di fuga e si ritraggono.

In realtà il corpo ci indica sempre di cosa si tratta. L'ideale sarebbe se potesse formularlo a parole e, da parte nostra, deciderci una buona volta a prestargli ascolto. Invece quasi sempre la testa si intromette e cerca di calmarci: non è poi così grave, gli altri lo sopportano, non dobbiamo reagire in questo modo ed essere tanto permalosi. E subito si fa sentire anche il cuore: "Eppure quella persona ti piace. Lo fa solo in buona fede". È importante, quindi, esercitarsi fin dal principio a "sentire" con la pancia. Così facendo si avrà il vantaggio di non reagire quando ormai il dado è tratto e, in linea di massima, è troppo tardi per agire.

Solo quando la moglie si affaccia nel suo studio e gli augura la buona notte con una leggera nota di rimprovero, Ludwig si rende conto di sedere davanti al computer da quando è finita la cena. Navigando da un forum all'altro ha dimenticato di avere promesso alla moglie una passeggiata serale. Ora ha di nuovo la coscienza sporca e si rimprovera di non essersi posto un limite, come spesso capita. Un'altra vocina dentro di lui ribadisce tuttavia che la ricerca in Internet è stata interessante e aveva tutto il diritto di dedicarvisi. Ludwig conosce bene questo conflitto interiore, che poi non gli permette di prendere sonno fino alle prime ore del mattino. E ogni volta si ripromette di limitarsi, in futuro. Ma, continuando così, non risolve quel conflitto.

Quando glielo chiedo, Ludwig confessa che, una volta seduto davanti al computer, per ore non rivolge alcuna attenzione al corpo, né lo percepisce. Dopo tutto quel tempo davanti allo schermo gli bruciano gli occhi, la schiena è tesa e fredda e, in generale, si sente a pezzi. Eppure, proprio nella percezione del corpo avrebbe la possibilità di individuare un limite senza bisogno di appelli morali o di conflitti interiori.

In fondo si tratta di amorevoli attenzioni verso se stessi. Attraverso il contatto con il corpo esse aiutano anche a regolare il nostro comportamento in relazione ad altre attività, come per esempio mangiare, bere o altre abitudini.

La percezione del corpo richiede tempo e pazienza

Dobbiamo concederci tempo per sentire il corpo. Il corpo non è così veloce come la testa. E il linguaggio verbale non è il suo mestiere, gli si deve prestare ascolto in maniera attiva. Dobbiamo sentire cos'ha da dirci a modo suo. E questo richiede tantissima pazienza. In molte persone il corpo non comunica più spontaneamente. Da tempo non è più abituato a ricevere attenzione. Per anni è stato ignorato e spesso persino svilito. Molti di noi si occupano di lui solo quando crea dei problemi, quasi fosse unicamente una fonte di fastidio.

Il corpo è stato trasformato da molti in un organo esecutivo. Per alcuni è una sorta di struttura che impedisce allo spirito di vagare nello spazio. Per altri è una sorta di attrezzo sportivo con cui eseguire le massime prestazioni. Altri ancora sono in continua lotta con esso perché non corrisponde al loro ideale di bellezza. Ma esiste anche un movimento opposto. Nelle palestre viene allenato e sembra ottenere finalmente la giusta considerazione. Osservando più attentamente, tuttavia, ci si accorge che il culto del fitness porta a considerarlo solo come un oggetto.

Il corpo invece possiede una propria modalità percettiva, una propria intelligenza. È giunto il momento di riconoscergli l'attenzione e l'apprezzamento che merita.

Esercizio: studiare la reazione del corpo quando si superano i limiti

Se volete conoscere meglio il linguaggio del corpo e avvertire in modo chiaro le differenze relative ai limiti nelle varie situazioni della vita, fate il seguente esperimento.
Richiamate alla mente tre situazioni, tutte correlate alla reazione del corpo ai vostri limiti. La prima vi ha procurato noia e non vi ha permesso di sfruttare al meglio le vostre possibilità. La seconda vi ha chiesto invece davvero troppo. Nella terza avete dovuto svolgere un compito, ma non eccessivo. Quindi, riassumendo, una volta vi siete trovati ben lontani dai vostri limiti, un'altra li avete superati e nell'ultima li avete quasi raggiunti, pur mantenendovi nella vostra sfera di competenza, ancora legata a una sensazione di benessere.
Per questo esperimento, attaccate dei post-it in tre luoghi diversi, che rappresenteranno le situazioni sopra proposte. Iniziate da quella in cui vi è stato chiesto troppo poco in confronto alle vostre forze e capacità (situazione comunque diversa da quella in cui ci si rilassa e si recuperano le energie dopo aver svolto un compito). Mettetevi nel posto contrassegnato e riandate con la mente a quella situazione vissuta, rievocandone ogni dettaglio, come se fosse ancora in corso.
Poi ponetevi le domande che seguono e cercate di capire quali effetti produce sul vostro corpo il riportare alla mente la situazione:

- Come mi sento in questa posizione? (Per esempio: sicuro, saldo, malfermo, senza presa sul terreno...)
- Quali sensazioni percepisco a livello fisico?
- Avverto qualche sensazione sgradevole?
- Come sento il mio corpo? (Per esempio: potente o debole, attivo o passivo, vigile o stanco...)
- Come respiro? (In modo superficiale o profondo, lentamente e in modo rapido...)
- Quali tensioni muscolari avverto? (Sento i muscoli tesi, potenti, fiacchi...)
- Come avverto il calore del corpo?

- Percepisco una buona irrorazione sanguigna?
- A livello mentale sono lucido o mi sento un po' confuso?
- Avverto tensione? E dove?
- Dove mi sento contratto e dove, invece, rilassato e disteso?

A questo punto potete spostarvi nel secondo luogo per rivivere la condizione in cui vi è stato chiesto uno sforzo superiore alle vostre forze. Anche in questo caso riporterete alla mente tutti i particolari e vi porrete le stesse domande.
Infine vi sposterete nel luogo relativo alla situazione in cui vi siete mantenuti all'interno dei vostri limiti. Anche in questo caso rispondete alle stesse domande.
Il modo migliore per concludere l'esperimento è proprio ricordando la situazione in cui ci si è sentiti a proprio agio, così da poterla confrontare con le due precedenti e tirare le somme. Riuscite a rivivere quel piacevole stato di benessere?

Forse è questo a rendere il corpo così poco apprezzato: il fatto che è limitato. Come si suol dire: lo spirito vorrebbe, ma la carne è debole. Nell'epoca dominata dall'ideologia del "Yes, we can", il corpo ci ricorda in ogni momento che siamo limitati. Lo spirito non conosce limiti, come pure le emozioni, ma il corpo ci riporta sempre con i piedi per terra, alla realtà dei fatti. Mentre spirito ed energia sono di per sé illimitati, la materia non lo è. Per questo motivo tutto ciò che è tangibile segue regole distinte. Il corpo – come la Terra e tutto quanto è fisico – appartiene alla materia. Si intende, quindi, di limiti e confini. Solo lui dispone di quell'apparato sensorio comune che ci permette di individuare i nostri limiti.

Fissare i giusti limiti permette di crescere ed evolversi

In passato mi sono ritrovato spesso in questa situazione: nell'intento di raggiungere un certo obiettivo, mi sono sforzato troppo e spinto al di là delle mie possibilità. E un attimo dopo, ecco arrivare il contraccolpo. A molte persone capita lo stesso. Ripetono di continuo questo schema, falliscono e poi ricominciano da capo, puntano di nuovo troppo in alto e si ritrovano con il naso per terra. E così all'infinito... Chi si allontana troppo dai propri limiti apre la strada al successivo contraccolpo. Ogni pretesa eccessiva porta inevitabilmente a una fase nella quale ci si limita e ci si mantiene ben al di sotto delle proprie forze, perché ci si deve ristabilire e si devono recuperare le energie.

Per alcuni non è facile riprendersi dopo un simile contraccolpo. Ci si potrebbe anche rassegnare. E molto spesso, dopo avere preteso troppo da se stessi, ci si sottovaluta. Molti, in effetti, a quel punto gettano la spugna. Tuttavia, anche a voi che continuate a fare ciò che già conoscete e sapete fare, manca qualcosa. Probabilmente non sfruttate al massimo le vostre possibilità. Una scelta di questo tipo è comoda, ma non certo gratificante. Non approfittate delle vostre preziose potenzialità e non le sfruttate, preferendo una vita noiosa e autolimitante.

Riflessione: come avete reagito finora scontrandovi con i vostri limiti?

Ognuno ha i propri limiti, che a seconda dei momenti possono essere più o meno ampi e che si vorrebbero estendere. Come reagite, per esempio, ai limiti in ambito percettivo, oppure in quello della comprensione, del riuscire a sperimentare, attuare o accettare qualcosa?

Anche il tempo e la capacità di concentrazione di cui disponete sono limitati. Pensate, per esempio, alla lettura e allo studio di questo manuale, nel quale riconoscete il vostro abituale schema di comportamento che, magari, vorreste modificare.

- Avete la tendenza ad arrendervi quando non capite tutto subito o qualcosa non vi riesce al primo tentativo? Siete soliti interrompere la lettura di un libro, per esempio?
- Quando lo fate, esprimete poi un giudizio negativo su voi stessi?
- Giudicate negativamente la cosa di cui vi stavate occupando (per esempio, il libro)?

- Tendete poi a evitare quella tematica (il libro)?
- Vi permettete di lasciare lacune?
- Vi mantenete rilassati?
- Vi concedete tempo?
- Procedete in modo graduale?

Un passo importante per migliorare la propria capacità di individuare e porre limiti è accettare quelli del momento presente.

I limiti variano a seconda degli ambiti e delle situazioni della vita

Non abbiamo un unico limite, valido per tutto come se si trattasse di una taglia unica, bensì tanti limiti diversi a seconda di quanto riusciamo a sopportare e realizzare nei vari ambiti della vita quotidiana. Il campione mondiale di lancio del martello ha allargato il più possibile i suoi limiti nella disciplina di cui è specialista, come tutti gli altri atleti, ma nei cento metri sarà senza dubbio molto più limitato. Allo stesso modo, anche i vostri limiti possono essere più o meno stretti a seconda del momento e della condizione in cui vi trovate. Un giorno vi sentite più deboli, e di conseguenza anche il vostro raggio d'azione è più limitato; tendete a ritrarvi dal mondo e riuscite a combinare poco. Una volta ristabiliti e riacquistate le forze, potete osare di più. Magari prendete addirittura l'iniziativa e, così facendo, ampliate quelli che sono i limiti consueti. In quel momento riuscite anche più facilmente a farli valere, e gli altri lo avvertono. Allo stesso tempo, vi ritrovate a occuparvi di meno delle ingerenze del prossimo. Quando siete al massimo della forma, forse osate persino estendere i vostri limiti a discapito di quelli altrui.

In genere, e anche in base a come ci si sente in un determinato momento, i limiti si autoregolano con piccole, sottili modulazioni, pur continuando a rispecchiare la vostra energia, le vostre competenze e la vostra capacità di coltivare il terreno (i talenti) a vostra disposizione, di assumervene la responsabilità e difenderlo.

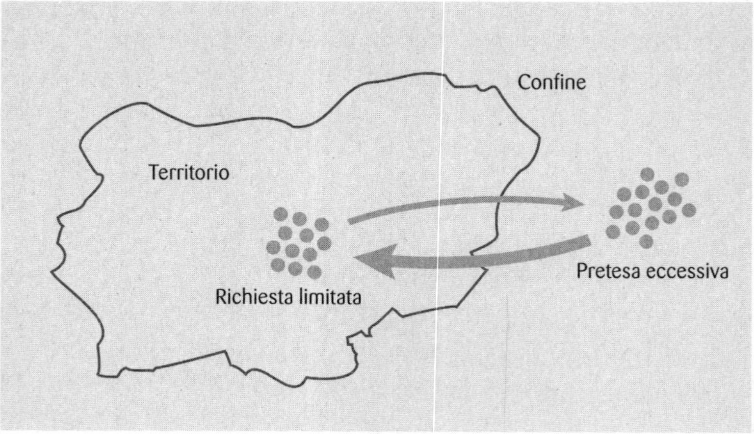

La dinamica di richiesta eccessiva e richiesta limitata: chi si spinge troppo oltre i propri limiti favorisce il contraccolpo.

Nella figura qui rappresentata, la superficie delimitata simboleggia il territorio di un individuo; la linea curva i suoi limiti. Quando chiedete a voi stessi meno di quanto dovreste, vi mantenete per certi aspetti all'interno del vostro campo d'azione, ma molto al di sotto delle vostre possibilità. Non provate una sensazione gradevole, anzi, vi sentite insoddisfatti.

Immaginate ora che il vostro capo vi abbia assegnato un compito nuovo, ma che va ben oltre le vostre possibilità (vale a dire, si estende oltre i confini del vostro territorio). Vi viene chiesto più del dovuto e non vi sentite a vostro agio. Potreste fallire nell'intento o ammalarvi per il troppo stress. Questa richiesta eccessiva è lo stadio che precede una fase di richiesta troppo limitata, che seguirà subito dopo.

Mentre ci sentiamo male in presenza di una richiesta eccessiva, come pure di una troppo limitata, siamo invece al massimo delle possibilità quando veniamo messi alla prova, ma non in maniera esagerata. In questo caso ci muoviamo ancora sia a livello simbolico sia reale all'interno del nostro territorio, appena prima del nostro limite. Lì ci sentiamo pieni di forze ed energie. Poi può accadere qualcosa di singolare: sentendoci bene, siamo ancora più efficienti e capaci.

Questo ci permette di spingerci uno o due passi più in là di quello che finora è stato il nostro limite e ampliare la nostra sfera di competenza. In pratica, ci evolviamo! Anche questo ci procura gioia, ci fa sentire ancora più forti e ci infonde più fiducia in noi stessi. A quel punto ci muoviamo in una direzione sempre più positiva, che produce energie.

È un paradosso: rispettare i nostri limiti non ci limita ulteriormente, ma ci permette proprio di superare la nostra limitatezza e di crescere! Questo processo si avvicina molto a quello che lo psicologo ungaro-statunitense Mihály Csíkszentmihályi ha definito con il concetto di "flow".

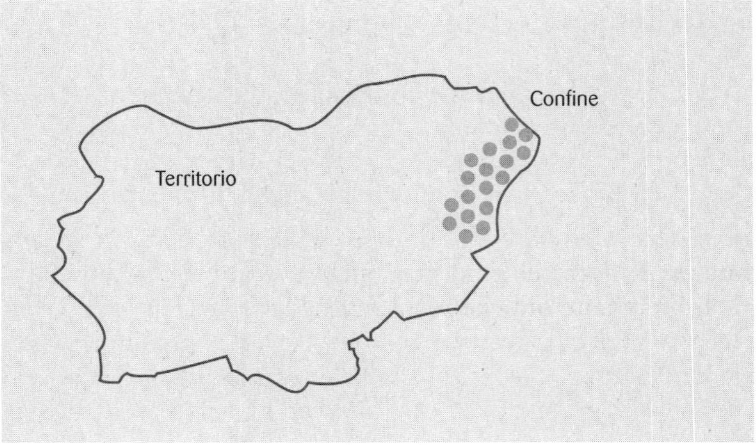

L'ambito adiacente ai nostri confini, nel quale ci sentiamo al meglio: pieni di energie e in grado di dare il massimo.

L'agire ci mette le ali e ci infonde una gioia profonda. Spesso siamo talmente immersi in un'attività da dimenticare il mondo esterno.

Come possiamo renderci conto di mantenerci all'interno dei nostri limiti? La mente avanzerebbe solo qualche ipotesi e produrrebbe pensieri più o meno intelligenti al riguardo.

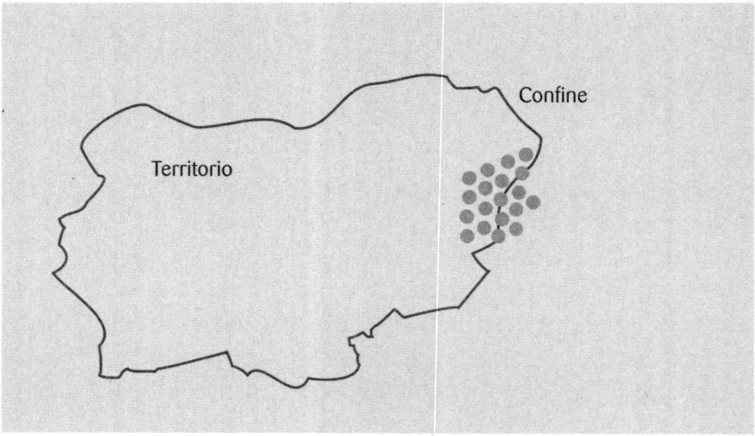

Lì spesso sentiamo crescere la nostra forza in un modo che ci consente di superare i nostri limiti e allargare il nostro territorio.

E il nostro cuore, pur rallegrandosi, si chiederebbe cosa ne è dei nostri rapporti con gli altri.

L'unico in grado di avvertire che ci stiamo avvicinando a quell'attraente territorio giusto adiacente ai nostri limiti è il corpo. Grazie a una corretta percezione del corpo stesso possiamo renderci conto anche noi quando abbiamo la possibilità di crescere senza spingerci troppo oltre le nostre capacità.

Capitolo 3

Chi sono io, chi sei tu? La linea di confine come luogo di incontro e di conflitto

La linea di confine segna non solo la fine del nostro spazio personale, ma anche l'inizio del mondo esterno, e lungo di essa incontriamo anche l'altro, che come noi si trova nella parte più estrema del suo territorio di competenza. Se non siamo in grado di essere pienamente noi stessi e di definire bene i nostri confini, corriamo il pericolo di perderci nel mondo esterno o nell'incontro con l'altro: l'ambiente esterno, con tutti i suoi stimoli, influssi e tentazioni di vario genere, potrebbe decidere al posto nostro e a noi non resterebbe che reagire di conseguenza. Lungo i nostri confini incontriamo spesso soggetti non graditi: manipolatori, "vampiri succhia-energie" o vicini di casa che non si fanno scrupolo a invadere il nostro spazio. È lì che si decide se riusciranno o meno a condizionarci, se permetteremo loro di prevaricare e di indebolire le nostre energie. È lì che si scopre se altri, ancora meno in grado di noi di difendere i propri spazi, vedono *noi* sotto questa luce. Può infatti capitare anche a noi di violare i confini altrui. Quando questo accade, non di rado genera conflitti. Magari non ce ne accorgiamo e non capiamo il motivo per cui non leghiamo con l'altro e veniamo rifiutati. Non ci spieghiamo perché gli altri si comportano in maniera così aggressiva nei nostri confronti, nonostante le nostre buone intenzioni.

Io voglio qualcosa che tu non vuoi

Non sempre i limiti della persona che abbiamo di fronte coincidono armoniosamente con quelli che noi vorremmo. Immaginiamo, per esempio, di trovarci a una festa. Io desidero approfondire l'argomento di cui stiamo parlando, ma avverto che voi ne avete già abbastanza di quella conversazione. Se decidessi di ignorare questa sensazione e procedessi nel mio intento aggiungendo ulteriori dettagli e approfondimenti, al successivo incontro probabilmente cerchereste in tutti i modi di evitarmi. Quindi mi limito a un paio di frasi fatte e poi mi rivolgo ad altri ospiti.

Se non ci preoccupiamo di trovare un giusto compromesso tra le nostre intenzioni e i limiti posti dall'altro, il carattere del contatto si modifica. Il risultato sarà un incontro forzato, nel quale colui che viene messo sotto pressione sarà il primo a sentirsi a disagio. In una relazione, tuttavia, con il passare del tempo, il malessere di una parte finisce inevitabilmente per ripercuotersi sull'altra. Forzare un contatto non torna quindi utile a nessuno.

L'intensità di un contatto si regola sempre in base a colui che desidera *meno* intimità. Di conseguenza, colui che ne desidera di più deve limitarsi alla quantità consentita, se non vuole deteriorare il rapporto o rovinarlo del tutto. Tale rinuncia, tuttavia, può avere esiti inaspettati: sentendosi compreso, rispettato e sicuro, colui che voleva di meno può infatti acquistare con il tempo più fiducia e concedere all'altro una maggiore intimità.

Ci riveliamo attraverso i nostri limiti e confini

Alcune persone non si spingono fino ai loro limiti. Non riempiono nemmeno tutto lo spazio a loro disposizione. Ma la situazione non si mantiene così a lungo, perché in natura non esiste il vuoto: gli altri ne approfittano e si fanno subito largo, invadendo il nostro territorio. Anche in questo caso sono prevedibili conflitti, nonostante le persone che non sfruttano appieno il proprio spazio vitale tendano a retrocedere senza grossi problemi e a lasciare posto all'altro.

Mostrare i nostri confini e difendere il nostro spazio richiede da parte nostra riconoscere i limiti e le peculiarità che ci caratterizzano. Attraverso i nostri confini mostriamo al prossimo un profilo. Solo allora diventiamo conoscibili. Nel farlo, ci esponiamo a un certo rischio: risulteremo benaccetti all'altro con le nostre particolarità? Potremmo venire respinti e rifiutati. Coloro che non sfruttano tutto il loro campo d'azione non si mostrano all'altro. Se anche quest'ultimo non osa spingersi fino ai suoi estremi, il rapporto tra noi si limita a un saluto da lontano con la mano. In tal caso l'intimità non è proprio possibile e l'incontro non ha luogo.

La vita come processo di adattamento

La vita si può descrivere come un continuo processo di adattamento. Darwin parlava di "survival of the fittest", intendendo non esattamente la sopravvivenza di quello più in forma a livello fisico, ma di quello che sa adattarsi meglio (dall'inglese *to fit in*): adattarsi all'ambiente con le sue possibilità e i suoi pericoli, all'offerta più o meno ampia di cibo o agli sbalzi climatici... E ovviamente anche la vita sul lavoro è un continuo processo di adattamento. O ci si adegua ai ritmi, o si rimane indietro. Si cerca quindi di tenere il passo con l'avanzamento tecnologico, con la moda, con la concorrenza... Si cerca di cogliere per tempo le tendenze e, se possibile, anticiparle. Chi ha abbastanza voce in capitolo cerca addirittura di influenzare direttamente moda e inclinazioni. Ci si adegua agli altri e si cerca di convincerli a fare lo stesso.

Alcuni considerano l'adeguarsi qualcosa di riprovevole, eppure lo fanno ogni giorno. Chi non si adegua, infatti, non raggiunge l'obiettivo – basti pensare all'andare in auto, che prevede il rispetto di un grande numero di norme della strada.

Varie modalità di rapportarsi. Difesa del proprio spazio lungo confini sconosciuti

L'arte dell'adattamento consiste nell'adeguarsi rimanendo al contempo fedeli a se stessi, preservando la propria essenza, evitando di tradire i propri valori, mantenendo la direzione presa. Eppure, nel momento in cui entriamo in contatto con l'altro ci adattiamo un po' a lui, o almeno gli veniamo incontro quel tanto che basta per determinare la giusta distanza e intimità, o per riuscire a identificarlo ed evitare un inutile conflitto.

Comunque sia, essere costretti ad adeguarsi all'altro a ogni incontro sarebbe estremamente faticoso. Una forma standardizzata di adattamento da adottare in situazioni di questo genere sarebbe già un grande sollievo! A venirci in aiuto a tale proposito sono convenzioni e buone maniere. Ne sono un esempio il darsi del lei o del tu, il salutare, il dire "per favore" o "grazie". Queste formule fungono da ammortizzatori, da cuscinetti che ci proteggono da inutili collisioni e ingerenze e relative conseguenze. Anche chi desidera avvicinarsi di più al prossimo può segnalarlo ricorrendo ad apposite formule. I vantaggi che esse offrono sono evidenti: non ci costringono ad adeguarci all'altra persona, che non conosciamo ancora, ma solo alle varie forme di convenzione, facilmente apprendibili, permettendoci di continuare a interagire con l'altro in tutta calma.

I confini non sono niente di fisso, tanto meno quelli tra due individui. Possono basarsi su situazioni, esigenze e interessi diversi, ma anche su un'idea del tutto differente di come debba essere un rapporto, inquadrandolo in svariate categorie ("d'affari", "collettivo", "familiare", "privato" o "intimo") e conferendogli, di conseguenza, un valore diverso.

Nella biglietteria della stazione. Dopo aver pagato, l'anziana signora davanti a me vorrebbe scambiare con l'impiegato ancora due chiacchiere sulla meta del suo viaggio. Lui le sorride e le augura buon viaggio. Le fa capire in modo educato che la conversazione finisce lì – c'è un limite –, dopo di che si rivolge a me.

Mentre per l'impiegato si è trattato di uno dei tanti contatti professionali quotidiani, per l'anziana signora evidentemente rappresentava qualcosa di diverso. L'aspetto positivo delle formule di cortesia è che, come dimostra questo esempio, permettono di definire confini precisi senza ferire la sensibilità di nessuno. Abbiamo inventato delle formule sociali per far capire gli uni agli altri quali sono i limiti da rispettare. Per esempio, ad alcune persone diamo del lei. Se vogliamo mostrare il desiderio da parte nostra di una maggiore confidenza, proponiamo alla persona in questione di darsi del tu. Anche questo, però, avviene in base a convenzioni prestabilite. Non si può proporre il tu a tutti: un dipendente, per esempio, non può proporlo al suo capo. Tutto questo serve a tutelare i reciproci confini risparmiandoci delusioni e offese.

Può anche capitare, tuttavia, che convenevoli e convenzioni impediscano alle persone di entrare veramente in contatto tra loro. Protette da quella cortina, non si lasciano conoscere davvero per quello che sono. Così come dobbiamo osare difendere i nostri confini, dobbiamo anche trovare il coraggio di avvicinarci di più al prossimo. Possiamo mandare dei segnali, quando desideriamo aprirci di più nei suoi confronti. Questi, a sua volta, è libero di concedere la confidenza che desidera. Se preferisce mantenere le distanze, deve trovare il coraggio di farci capire quali sono i limiti da rispettare.

RIFLESSIONE: COME REAGITE QUANDO L'ALTRO VI IMPONE DEI LIMITI?

Ipotizziamo che desideriate entrare più in confidenza con la persona che avete di fronte. Fate il primo tentativo, ma lei non si dimostra d'accordo e vi fa capire in modo inequivocabile di dover fare un passo indietro. Come reagite?

- Vi sentite offesi e rifiutati.
- Serbate rancore nei suoi confronti.
- Da quel momento in poi decidete di non voler più aver niente a che fare con lei e interrompete ogni contatto.
- A quel punto quella persona non vi piace più.
- Quella persona è diventata il vostro avversario.
- Vi ritraete dal contatto.
- Continuate a interagire mantenendo la distanza finora adottata.
- Non vi lasciate scoraggiare e ritentate.

Per far sì che l'altro rispetti i nostri confini, è importante che noi facciamo lo stesso con lui. Il fatto che qualcuno voglia mantenere una certa distanza non equivale a un giudizio negativo su di noi, ma solo a una presa di posizione dettata dal suo modo di sentirsi in quel momento. L'unica risposta adeguata alla domanda di cui sopra è: continuate a interagire con quella persona mantenendo la distanza finora adottata. Se siete tra quelli che preferiscono i contatti del tipo "o tutto o niente", troverete ulteriori indicazioni nel capitolo "Infanzia e limiti".
In relazione ai limiti imposti dall'altra persona potreste chiedervi:

- Come ha fatto a farmeli notare?
- Cosa potete imparare da lei?
- Cosa vorreste fare meglio, voi, o in modo diverso?
- Cosa non fareste mai per indicare i vostri confini?

Immaginate una variante di vostro gradimento. Il compito consiste nel trovare una giusta via di mezzo, accettabile per entrambe le parti. La frase: "Fin qui, ma non oltre!" deve risultare ben chiara, pur senza offendere o escludere l'altro del tutto. In fondo non vogliamo perderlo, ma continuare a interagire con lui a una distanza per noi adeguata.

Perdere se stessi: quando ci si adegua all'altro troppo rapidamente

Il modo ideale per entrare in contatto con un'altra persona è essere consapevoli di cosa si vuole. Si devono avere ben chiari i propri interessi, la direzione in cui si vuole andare, le proprie esigenze, e rispettarli. Allo stesso modo, si prende atto delle intenzioni dell'altro. Cos'è possibile fare, in questo momento? Cosa potrebbe rovinare il contatto? E dove emergono tra me e l'altro aspetti in comune, che permettono di compensarci reciprocamente o di unire le nostre forze? A cosa potremmo rinunciare in prima persona e a cosa no?

Se ci rapportiamo all'altro in questo modo, l'adeguamento ha luogo dove deve avere luogo: nei punti di incontro. Non di rado, tuttavia, accade tutt'altro. Anticipiamo questo processo e incontriamo l'altro quando siamo già adeguati a lui. Per certi versi lo affrontiamo già sulla base di un compromesso. Il risultato, in tal caso, è un conflitto interiore tra l'adattamento avvenuto in noi in modo più o meno automatico e un'altra parte di noi, che vi si oppone. Quando questo accade è possibile osservare un ritardo temporale tra l'adattamento rapido e spontaneo e la reazione "di rigetto", che in genere insorge a posteriori.

Coloro che vivono in sé questo conflitto si sentono spesso costretti dall'esterno ad adeguarsi. Sostengono che gli altri non permettono loro di essere quello che realmente sono. Di conseguenza, idealizzano concetti abituali come "individualità", "autorealizzazione" e ritengono estremamente importante sforzarsi di essere "autentici".

Ogni volta che Rita si trova di fronte il caporeparto, sente chiudersi lo stomaco. Avverte una grande tensione interna e, automaticamente, si impone di sorridere. Una volta terminato l'incontro, cerca di scuotersi di dosso l'esperienza. A quel punto si critica e si rimprovera. Fa così fin dai tempi della scuola, quando reagiva allo stesso modo con insegnanti e adulti a lei estranei. Cerca di rispondere e di essere esattamente come gli altri si aspettano.

Si immedesima totalmente nella persona che ha di fronte, dimenticando le proprie esigenze e i propri interessi. Nella vita vorrebbe tanto riuscire a mantenersi solo dipingendo quadri floreali e sogna di riuscire, un giorno, a essere davvero se stessa.
Nemmeno al nuovo caporeparto l'interazione con Rita risulta gradevole. Non può evitare di avvertirne la tensione e si rende conto che cerca in tutti i modi di compiacerlo. In tali condizioni gli riesce difficile ottenere risposte chiare, come per esempio capire a che punto è il disbrigo degli ordini e se ci sono problemi di vario genere. Da una dipendente come Rita, poi, non ci si può certo aspettare suggerimenti concreti, né che faccia presenti per tempo eventuali difficoltà... Con Rita il caporeparto non sa proprio come fare. E lei, di tanto in tanto, si impegola in situazioni che non è in grado di risolvere da sola. A quel punto è costretta a fermarsi più a lungo in ufficio e lavora fino a notte fonda.

Friederike è scontenta della sua paga come impiegata part time. Da tempo accumula rancore perché si sente trattata in modo ingiusto. Finalmente decide di farsi coraggio e chiede al caporeparto un appuntamento, in modo da accennargli a un aumento di stipendio. Sa bene che non tutte le sue richieste potranno essere esaudite, ma anche un compromesso sarebbe meglio di niente. Finalmente arriva il momento tanto atteso e lei siede davanti al superiore. Presenta la situazione dal suo punto di vista e lui si dimostra comprensivo, oltre che molto assorto in riflessioni personali. In risposta, le spiega la situazione critica, i fatturati stagnanti ormai da tempo e la concorrenza sempre più accanita. Friederike annuisce. Quest'anno si dovrà rinunciare persino alla tredicesima e alla festa di Natale. Friederike capisce la situazione. In effetti il caporeparto è davvero gentile e lei si chiede come mai provasse tanto astio nei suoi confronti. Lui aggiunge un'ultima cosa: le chiede di distribuire le sue ore settimanali su sei giorni, anziché sui cinque consueti. Friederike acconsente prontamente. Quando esce dall'ufficio si rende all'improvviso conto di aver agito troppo impulsivamente. Recarsi in ufficio sei giorni alla settimana anziché cinque significherà per lei un'ulteriore perdita di tempo, senza contare i viaggi avanti e indietro in più e i relativi costi della benzina. Anziché averci guadagnato, con quel colloquio ci ha solo perso.

Chi si adegua all'altro in modo troppo precipitoso non riesce a tutelare se stesso. In un certo qual modo sposta il confine tra sé e l'altro all'interno del suo spazio. A quel punto volersi delimitare significa emarginare se stessi, o almeno parte di sé. Cercare di mantenere tale confine richiede molta energia. Per questo il contatto con l'altro ci risulta talora stressante. Solo chi rompe quel meccanismo dell'adeguamento troppo precipitoso e della conseguente reazione "di rigetto" riesce a sottrarsi a questo dilemma, magari contrastandolo con un adeguamento consapevole, che io definisco "aggiustamento".

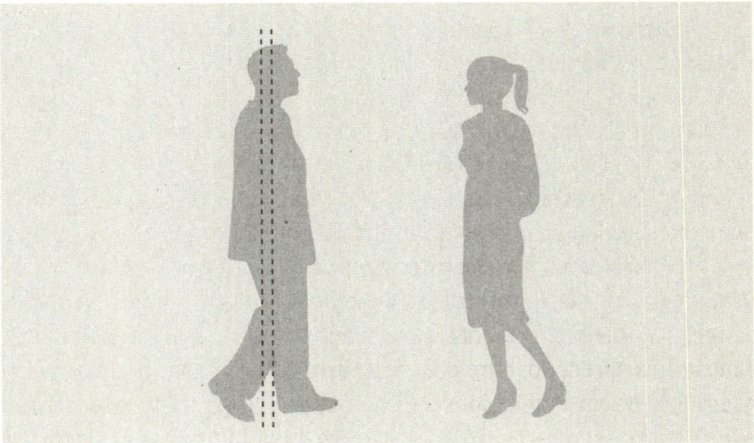

Spostiamo i confini all'interno del nostro spazio personale e interagiamo con l'interlocutore adeguandoci a lui troppo in anticipo e in modo inconsapevole.

Alexander capisce che il suo capo, in quanto titolare dell'azienda, possa avere convinzioni politiche completamente diverse dalle sue. Quello che lo lascia perplesso è che cerchi continuamente di convincere tutti delle sue idee, secondo lui le uniche accettabili. Alcuni dei colleghi si dichiarano completamente d'accordo con il capo, pur pensandola diversamente, Alexander invece si limita ad ascoltarlo e basta. Sa che discutere e proporre alternative non servirebbe a nulla. Non annuisce e non esprime approvazione. Quando prova davvero grande perplessità, sgrana gli occhi con espressione interrogativa. Il capo reagisce adducendo ancora più ragioni a sostegno delle sue convinzioni – con Alexander trova pane per i suoi denti. Quest'ultimo, da parte sua, non lascia trapelare il fatto che, così facendo, si diverte parecchio. Non è sua intenzione prendere in giro il superiore – per il resto una persona apprezzabile – ma solo infastidire i colleghi che cercano di mostrarsi ancora più compiacenti, nonostante un attimo dopo non facciano che sparlare alle spalle del loro capo. Alexander si adegua solo a livello esteriore per riuscire ad andare d'accordo con il capo, ma sa difendere i suoi confini e non finge di lasciarsi convincere.

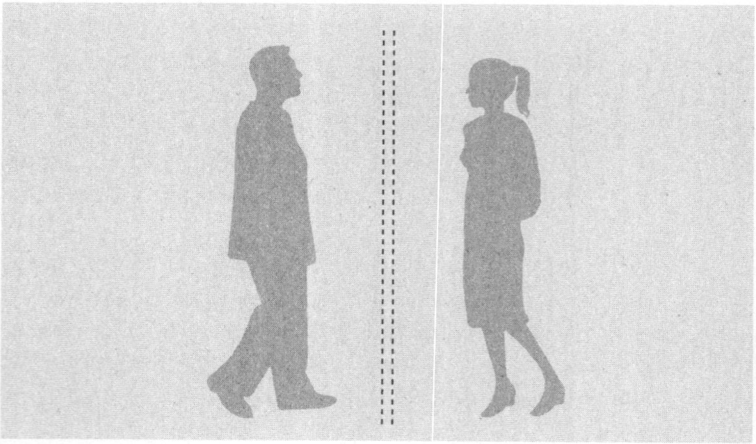

Adattarci significa adeguarci in modo attivo e consapevole a una circostanza o a una situazione.

Buone recinzioni fanno buoni vicini

Quando emergono conflitti, di norma è perché sono stati superati determinati limiti e qualcuno si è spinto in un territorio senza averne avuto il permesso. Quanta irritazione e quanti litigi potremmo evitare, se imparassimo a regolarci in maniera adeguata con i limiti nostri e altrui!

Anche quando agiamo mossi da buone intenzioni, quando vorremmo fare del bene al prossimo, può capitare di spingersi troppo oltre e suscitare in lui una certa aggressività.

Marion mi racconta concitata della visita della suocera. Per l'ennesima volta si è intromessa nell'educazione dei nipoti e ha imposto loro un divieto. In realtà Marion non ha niente contro di lei. Durante il nostro colloquio emerge che si sarebbe comportata nel suo stesso modo con i figli in una circostanza simile. Ciononostante se l'è presa, pur evitando di litigare con lei. La questione, quindi, era legata al rispetto dei limiti: la suocera non aveva fatto niente di sbagliato, ma non aveva rispettato il limite imposto da Marion. Questo prevedeva che spettasse solo a lei o al marito imporre divieti ai figli, a meno che diversamente concordato.

Quando Maria rientrò dalla vacanza avvertì un pugno allo stomaco. Nella sua parte di giardino era stato piantato un ibisco – probabilmente un'idea della vicina per il suo compleanno. Ma non avrebbe potuto chiederle prima il permesso? Maria aveva idee ben precise su cosa piantare nel suo piccolo appezzamento! Anche se la pianta era bella, lei non era affatto contenta.

Per evitare, pur armati di buone intenzioni, di fomentare nell'altro aggressività, dovremmo comunicare di più e riuscire ad accordarci tra noi. Ci sarebbe di aiuto farci capire, porre domande, chiedere permessi. Quello che non possiamo proprio evitare di chiederci è: dove passa esattamente il confine tra me e gli altri?

I miei confini – i tuoi confini – i nostri confini

Se per alcuni è già insolito riuscire a percepire i propri limiti e confini, appare ancora più complesso individuare dove si trovano quelli tra se stessi e l'altro.

I miei limiti e confini personali si trovano laddove io riesco a percepire un cambiamento: ora mi sento abbastanza bene, ma forse sto anche meglio se mi avvicino ancora un po' al limite... e all'improvviso non mi sento più così bene. È proprio lì che si trova il limite. Il cambiamento a volte può essere subitaneo, ma spesso viene percepito con un ritardo, uno sfasamento, perché nel frattempo si è perso il contatto con se stessi.

Quando due persone si incontrano possono avere esigenze, aspettative e desideri del tutto differenti in merito al contatto tra loro. Forse io preferisco mantenere con questa persona una distanza piuttosto ampia. Se lei desidera maggiore confidenza, potrebbe risultarmi troppo invadente, mi sentirei sotto pressione e non più a mio agio. Se a quel punto non capisce i miei segnali, io mi ritraggo del tutto. Con un'altra persona, magari, mi trovo nella situazione opposta: vorrei con lei un contatto più intenso di quanto lei desideri. Capita a tutti noi, a volte, eppure in genere riusciamo a individuare punti di incontro e trovare la giusta via di mezzo per riuscire ad andare d'accordo e non provocare tensioni.

La distanza sociale che risulta gradita può variare tantissimo da persona a persona o da paese a paese, visto che tutti hanno mentalità e tradizioni proprie. Mentre a molti italiani del Sud, per esempio, non crea alcun problema mantenere distanze piuttosto ravvicinate con coloro con cui si parla, a molti italiani del Nord può risultare sgradevole.

Il mio limite ottimale in relazione a una determinata persona si trova nel punto in cui mi sento meglio nel contatto con lei. Allo stesso modo, il suo limite nel rapporto con me risiede laddove lei si sente meglio. Se queste "zone di benessere", le distanze da mantenere e la posizione dei confini individuali coincidono, possiamo considerarci fortunati. In tal caso stiamo particolarmente bene quando siamo insieme. Sperimentiamo un senso di comunità del tutto naturale e coinvolgente. Il contatto è ottimale: ci avviciniamo l'uno all'altro senza che nessuno sia costretto a indietreggiare perché messo alle strette. I nostri territori confinano tra loro in maniera ideale.

Superati i limiti scoppia il litigio!

Quando, per esempio, qualcuno non mantiene le dovute distanze e non rispetta i nostri limiti e confini, possiamo avvertirlo a livello fisico – a condizione che riusciamo a percepire il nostro corpo. Qualcuno proverà uno sgradevole formicolio a livello cutaneo, qualcun altro un senso di oppressione al petto o il contrarsi dello stomaco, o ancora un grande calore a livello addominale... Altri potrebbero sentirsi rizzare i capelli in testa o i peli sulle braccia. Oltre a questo si possono osservare anche altri tipi di reazione. Ci sarà chi non riuscirà più a trattenere l'aggressività, diventando violento, e chi reagirà invece con la fuga, per cui farà dei passi indietro e cederà terreno senza opporre resistenza alcuna.

La reazione allo stress risalente all'Età della pietra

Quando i nostri confini sono minacciati lo notiamo, fra l'altro, anche dalla respirazione (più rapida e superficiale) e dall'innalzamento della pressione sanguigna. Il battito cardiaco è accelerato, l'elasticità cutanea aumenta, il tono muscolare pure... Tutti questi sono segnali del fatto che viviamo tale situazione come una minaccia. Siamo sotto stress anche se la nostra vita non è realmente in pericolo. Mobilitiamo tutte le forze per combattere il nemico. Anche se le situazioni della vita odierna sono ben diverse da quelle della preistoria, in presenza di stress adottiamo ancora un programma risalente ai primordi dell'umanità, che abbiamo conservato a livello genetico. Esso ha permesso la sopravvivenza dei nostri avi e continua a influenzare la nostra esistenza, pur rivelandosi oggi più di ostacolo che di vantaggio, nonché potenzialmente dannoso per la nostra salute.

Se non siamo in contatto con il corpo, non avvertiamo ciò che avviene dentro di noi. Non cogliamo i primi segnali del fatto che i nostri confini sono in pericolo. Non ci rendiamo conto di essere sotto stress, né di essere sul punto di darcela a gambe o di reagire violentemente (reazione di fuga o di attacco), se non addirittura di ricorrere a una sorta di paralisi energetica (fingersi morto). Al contrario, trovandoci per esempio di fronte a un interlocutore che in senso reale o in senso lato non mantiene le dovute distanze, ci immergiamo nei suoi pensieri, ci sforziamo di capirlo e di soddisfarne le esigenze. Magari cerchiamo anche di fargli una buona impressione. Quello che dimentichiamo del tutto, invece, è cosa ci sta a cuore e cosa ci fa stare bene. Non siamo più centrati su noi stessi, ma identificati nell'altro.

E a volte quest'ultimo esiste solo nella nostra mente! Forse non c'è nessuno sconosciuto, siamo noi stessi a mettere in pericolo e a prevaricare i nostri limiti. I segnali che il corpo ci invia li ignoriamo completamente, immersi solo nei pensieri che la mente formula. Anche in questo caso non ci rendiamo conto per tempo di ciò che sta accadendo in noi. Ignoriamo le reazioni del corpo, non avvertiamo che sta avvenendo qualcosa al suo interno. Ce ne accorgiamo solo molto più tardi. Veniamo travolti all'improvviso da quell'accumulo di energia che ormai da tempo non siamo più in grado di controllare, che diventa insopportabile e cerca da solo la strada più breve per scaricarsi.

In questa "reazione arcaica" allo stress tutta l'energia viene accumulata in modo da permettere all'essere vivente di reggere la battaglia per la sopravvivenza. Nel corso dell'evoluzione umana i nostri antenati si sono trovati continuamente di fronte alla questione "vita o morte". E anche se suona strano, il nostro sistema nervoso reagisce ancora oggi come se fossimo minacciati a livello fisico. Nella scala temporale di riferimento dell'evoluzione, la distanza tra gli antenati di Neanderthal e noi è minima – troppo piccola per modificare sostanzialmente la reazione allo stress. Quest'ultima ci porta a scegliere ancora rapidamente fra tre possibilità: l'attacco, la fuga o il fingersi morti. Il singolo individuo non è in grado di influenzare tale decisione. A seconda della situazione si passa quindi all'attacco, oppure si fugge o si collassa. Le prime due alternative presentano il vantaggio che l'energia mobilitata ha poi modo di essere scaricata attraverso il movimento e la muscolatura.

Implosione o esplosione?

Quando non proteggiamo o non difendiamo per tempo e in modo consapevole i nostri confini e non riusciamo a impedire che si provochi stress, anche di fronte a "sconfinamenti" del tutto innocui reagiamo scegliendo una delle tre possibilità: attacco, fuga o paralisi. La medesima persona può reagire alquanto diversamente al superamento dei suoi limiti a seconda del luogo in cui questo avviene, della persona che minaccia di farlo e dello stato d'animo della giornata. Per esempio, un individuo può tendere a bloccarsi e a ingoiare rospi in silenzio quando si trova nell'ambiente di lavoro, mentre a casa con i familiari tende a esplodere, e magari con gli amici a cercare la fuga – o viceversa. Di norma molto dipende dal tipo di persona che minaccia i nostri confini: il fatto che ci sia superiore o inferiore gioca un ruolo importante.

Chi tende a esplodere rimane per primo sorpreso e sopraffatto nell'assistere allo sfogo dell'energia accumulata. In quei momenti non siamo in condizione di controllarlo. Anche se da una parte avvertiamo una sensazione di sollievo, un po' ci spaventiamo. Se prima eravamo la pazienza e la tolleranza fatte persona, ora ci sentiamo in colpa. Quando ci rendiamo conto di cosa abbiamo combinato, ci facciamo piccoli piccoli, magari tendiamo a sottometterci e ci sforziamo di riparare al danno dando totale disponibilità al prossimo. Espiamo le nostre colpe adeguandoci ancora di più all'altro e concedendogli priorità assoluta. La conseguenza è palese: finiamo per prestare ancora meno attenzione ai nostri limiti. Armati delle migliori intenzioni contribuiamo noi stessi a permettere che vengano di nuovo superati e a provocare un altro sbotto violento. Solo di rado si è consapevoli di questo meccanismo. Anziché impedire che i nostri confini non vengano rispettati, ci concentriamo sull'essere particolarmente indulgenti e altruisti. Finché ci ritroviamo nella situazione iniziale.

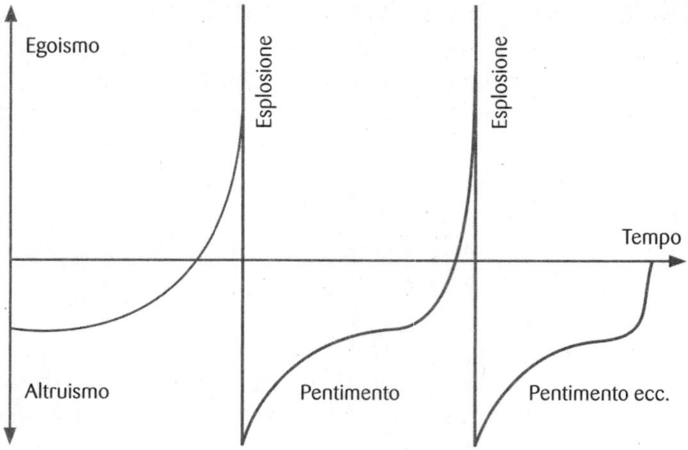

La dinamica prodotta da altruismo e sfogo: quando la pressione provocata dal dover pensare agli altri diventa eccessiva, a un certo punto esplodiamo, ma la cattiva coscienza riattiva da capo il processo.

Gli effetti di uno scoppio improvviso provocato dal superamento di un limite possono essere notevoli. Possono troncare amicizie, rovinare relazioni, distruggere famiglie e intere esistenze. Chi invece tende per lo più a implodere non lo dà a vedere, poiché non mostra praticamente niente al di fuori. In questo caso si opta in un certo senso per la fuga verso l'interno, cedendo terreno e non facendo niente per difendere i propri confini. Ci si lascia spingere da parte in tutta consapevolezza. Quello che gli altri, dal di fuori, potrebbero eventualmente notare in una persona che vive questa situazione sarebbe un cambiamento di colorito del volto: chi implode in genere impallidisce e sembra perdere ogni energia. Le labbra si fanno sottili, lo sguardo spento, la postura o troppo abbandonata, o troppo irrigidita. Alcuni aggiungono al tutto anche uno sguardo cordiale e annuiscono pronti. In realtà in quel momento stanno crollando, si stanno rassegnando e amareggiando.

Sintomi fisici come segnalatori di limiti

Spesso in una situazione di questo genere tornano a farsi sentire sintomi noti da tempo. I disturbi, che possono essere di vario tipo, rafforzano la tendenza e il desiderio di chiudersi in se stessi e leccarsi le ferite. Di frequente all'interno di questo processo avvertiamo solo il sintomo, che in realtà emerge unicamente nella fase finale. I disturbi non si possono ignorare, ma in genere non capiamo come siamo arrivati a svilupparli.

Quando Martina si trova ad affrontare il bilancio annuale dell'azienda si concentra al cento per cento sul lavoro e mette ogni sua necessità all'ultimo posto. Appena scopre un'irregolarità non si dà pace finché non ha trovato l'errore. Mentre è immersa nella ricerca, a volte dimentica persino di accendere la luce e lavora al buio. Non si concede nemmeno una pausa e solo quando, stremata, decide finalmente di tornare a casa, si accorge di avere la schiena dolorante e ghiacciata. Anche oggi è l'ultima a lasciare l'ufficio. Una volta rientrata ha gli occhi che bruciano, avverte i primi sintomi di emicrania e non riesce a mangiare niente. Si stupisce ancora di ammalarsi proprio quando non potrebbe permetterselo – e butta giù un paio di compresse. Non capisce davvero come mai succeda così. Prima o poi dovrebbe concedersi una bella vacanza alle terme… le servirebbe a rimettersi in forma. Nel frattempo scrive un'e-mail per informare i colleghi che l'indomani sarà costretta a restare a casa.

Sintomi interpretabili come segnali tardivi di un limite

I sintomi sottoelencati possono emergere come reazione al superamento di determinati limiti. Hanno tutti la tendenza a cronicizzare:

- emicrania
- tensioni muscolari (alle spalle, alla nuca ecc.)
- acufeni

- tachicardia, senso di oppressione al petto, disturbi cardiaci nervosi
- affanno
- tosse nervosa
- intensificarsi di reazioni allergiche
- disturbi asmatici
- mal di stomaco, nausea
- intestino irritabile
- infiammazioni della vescica, disturbi alla prostata
- come reazione non immediata: raffreddore, stati di raffreddamento, infezioni.

Come vengono fraintesi i sintomi

Spesso si cerca il significato simbolico di questi sintomi fisici, chiedendosi: "Cosa sta cercando di comunicarmi il corpo attraverso di essi?". Queste domande "pseudofilosofiche" non c'entrano proprio nulla con il corpo, che tende piuttosto a funzionare in base alla modalità piacevole/spiacevole e a comunicare tramite sensazioni. Solo in casi rari, quindi, i tentativi di interpretazione portano a una soluzione convincente. Più importante del comprendere il possibile significato di un sintomo è invece chiedersi quando e in quali contesti esso compaia, quale funzione svolga all'interno di un sistema e come contribuisca con la sua comparsa alla dinamica che porta ad ammalarsi.

Markus racconta dei problemi di prostata che lo hanno tormentato per parecchio tempo. I due anni di psicoterapia non avevano portato alla luce granché e, ancora peggio, non avevano procurato alcun miglioramento. Non appena sembrava emergere un'interpretazione plausibile, arrivava una situazione concreta a smentirla. Per esempio, all'inizio si era pensato che a provocare i disturbi fosse il desiderio inconscio di mostrarsi di più in pubblico, poi quello di sicurezza, un'altra volta le lacrime trattenute dell'infanzia, infine il desiderio di lasciarsi trasportare dal "flusso della vita", simbolicamente rappresentato dall'impulso a lasciar scorrere l'urina... Quando Markus cominciò ad avvertire la pressione su vescica e prostata prima di ogni riunione settimanale dell'azienda, individuò lui stesso lo schema occulto che ne era alla base. La pressione si faceva sentire ogni volta che raggiungeva un limite! Finalmente aveva trovato un denominatore comune a tutte le situazioni in cui il sintomo lo metteva in crisi: quando un colloquio si protraeva troppo a lungo, quando lui rimaneva troppo da solo, quando lavorava troppo o quando stava troppo a sentire gli altri. Ogni volta c'era un limite che veniva raggiunto e superato. Ecco quindi spiegato il collegamento: il sintomo era un segnalatore tardivo di limite!

Nel caso di Markus, quindi, non si trattava di un messaggio cifrato inviato alla coscienza dal corpo o da un organo (nel suo caso la prostata), ma semplicemente del fatto che il limite era a rischio e il corpo reagiva a quello stress con il suo organo più debole. Da quel momento in poi Markus prestò più attenzione in tal senso. Cercò di mantenersi sempre bene in contatto con il corpo, percependo in anticipo le varie sensazioni che gli segnalavano che stava esagerando. Soprattutto, iniziò a gestire attivamente le varie situazioni in base alle sue esigenze. Fu così che il sintomo cominciò a farsi meno presente. Quando si faceva sentire ancora, Markus non lo considerava più un fastidio, ma piuttosto una preziosa indicazione e un segnale che si stava spingendo troppo oltre, e lo accettava con gratitudine.

Proprio come per Markus è stato possibile ridurre a poco a poco la comparsa e l'intensità dei disturbi, è possibile far regredire sintomi cronici grazie a una precisa percezione e attenzione ai propri limiti. Provandoci, all'inizio potrà capitare di doversi contenere un po', rispetto a prima, ma superato un certo periodo di consolidamento si può tornare gradualmente con energia e sicurezza a osare di più.

Esercizio: riflettere sul proprio modo di reagire al superamento dei limiti

Richiamate alla memoria una situazione concreta per analizzare criticamente le persone attorno a voi e la loro tendenza a spingersi troppo oltre.

- Chi supera i limiti da voi imposti?
- Capita piuttosto spesso che lo facciano?
- Oppure siete soprattutto voi a esagerare nei vostri riguardi? In genere permettiamo agli altri di superare i limiti che imponiamo loro non rispettandoli noi per primi. Dipende soprattutto da voi, quindi, contribuire o meno a questa loro tendenza.

Quali reazioni tendete ad avere?

- Tendete per lo più a una reazione orientata all'esterno o all'interno?
- Vi arrabbiate? Vi infuriate? Imprecate e magari passate anche alle mani?
- Tendete più a una reazione orientata all'interno? Chiusura in se stessi, fuga, resa, autorimproveri, rassegnazione, sintomi, dolori, depressione, senso di amarezza?
- Vi bloccate? Un blocco può arrivare al punto di far ricordare solo più tardi quanto è accaduto.
- A quali infrazioni del limite tendete a reagire verso l'esterno e a quali verso l'interno? È possibile anche una combinazione di reazioni esplosive, implosive o di paralisi?

In quale momento vi siete accorti che un vostro limite non era stato rispettato?

- Avete potuto notare già alcuni indizi in precedenza?
- Appena prima? Avete visto che stava per accadere?
- Ve ne siete accorti solo nel momento in cui il limite veniva superato?
- Subito dopo?
- Solo più avanti?
- Quanto dopo?

- Come vi siete sentiti prima che il limite venisse superato?
- Come vi siete sentiti mentre veniva superato?
- Come vi siete sentiti dopo?

Da cosa avete capito che il limite era stato superato?

- Ve lo ha fatto notare qualcuno?
- Da un particolare comportamento del responsabile?
- Dalla vostra reazione in proposito?
- Da riflessioni?
- Da un'emozione o uno stato d'animo?
- Dal modo in cui vi siete sentiti a livello fisico?
- Avete provato dentro di voi stress, tensioni, pressione o agitazione? Quando, dove e come?
- Avete avvertito in voi irritazione o aggressività? Quando, dove e come?
- Avete percepito una tendenza alla fuga, a ritirarvi in voi stessi o a rassegnarvi?
- E a quali emozioni e stati d'animo si accompagnava?
- Avete avvertito sintomi o dolori fisici? Dove e come?
- Quando avete notato i sintomi fisici?

In che modo avete permesso a voi stessi che il limite venisse superato?

- Quali pensieri hanno contribuito a far sì che il vostro limite venisse superato?
- Quali emozioni, desideri o aspettative vi hanno contribuito?
- Cosa hanno provocato, più precisamente, questi pensieri ed emozioni?
- Come potreste ampliare, limitare o modificare questi pensieri ed emozioni per adeguarli meglio alle situazioni? (Non si tratta di cadere nell'esatto contrario!)
- Osservando il tutto da una certa distanza: cos'è stato soprattutto a rendere possibile che il limite non venisse rispettato?

Modificare la situazione: prove a livello mentale

Tornate con la mente alla situazione precedente al superamento del limite. Modificate la vostra attenzione, i vostri pensieri, emozioni, desideri e aspettative in modo da comportarvi in maniera diversa ed evitare la violazione. Anziché rimproverarvi, utilizzate le energie in modo più costruttivo, immaginandovi e simulando una versione corretta della situazione nella quale riuscite a rispettare i vostri limiti. In tal modo contribuirete a far sì che la prossima volta vada un po' meglio.

E siate indulgenti con voi stessi, se non doveste riuscire subito nell'intento!

Prevenire la malattia e i suoi sintomi

Chi è riuscito a riconoscere il collegamento tra superamento dei limiti e comparsa di sintomi di malattia può contribuire in prima persona e in modo attivo a rendere stati cronici e ripetuti di sofferenza sempre meno frequenti e sempre meno intensi con il passare del tempo. Possiamo integrare una cura medica evitando di chiedere sia troppo sia troppo poco a noi stessi e mantenendoci in quella zona prossima al limite, nella quale siamo al massimo delle nostre potenzialità.

Inge è già stata ricoverata in una clinica di riabilitazione a causa di un burnout, un esaurimento psicofisico. Il soggiorno le ha procurato sollievo per un limitato periodo di tempo, ma senza produrre in lei cambiamenti rilevanti. Non ha ancora imparato a porsi dei limiti sul lavoro e rispetto alle pretese nei confronti di se stessa e tanto meno a quelle di clienti e colleghi. Eccola quindi ricadere negli schemi consueti: nel corso della settimana lavora fino allo stremo delle forze e il sabato e la domenica si ammala, così che non riesce più a riposarsi e a recuperare le energie, ma è costretta a starsene a letto e curarsi. I sintomi sono alterni e diffusi: a volte si tratta di raffreddore, a volte di problemi di stomaco, altre ancora di dolori alla schiena, o tutto insieme. Spesso non riesce nemmeno a tornare in forma

per il lunedì e a volte è costretta a rimanere a casa già dal venerdì mattina. Ormai chiede sempre più giorni di permesso e, di conseguenza, il lavoro da sbrigare si accumula. La pressione cresce.
Decisa a interrompere questo circolo vizioso, riesce finalmente a concedersi di avere un corpo. Impara a percepirlo e nel giro di breve tempo riesce ad accettarlo di più. Grazie al contatto con il corpo Inge impara a riconoscere i sintomi sospetti in anticipo, per cui interrompe il lavoro e si prende un permesso. Non aspetta di ammalarsi per farlo. Il numero dei permessi richiesti si mantiene alto come prima, ma ora Inge ha un vantaggio: nei momenti liberi, la sera e nel fine settimana si sente bene. Ha modo di recuperare le forze e le energie. Gli intervalli tra le varie assenze dal lavoro si fanno sempre più lunghi. Il suo livello energetico, lo stato di salute e la resistenza fisica sono notevolmente migliorati.

Posso permettermi di stare bene?

Nel caso di Inge la sostituzione è molto semplice: anziché essere costretta a un congedo per malattia, chiede per tempo dei brevi permessi che le permettono di riprendere le forze. Come risultato riesce a uscire da quel circolo vizioso che la portava a pretendere troppo da se stessa e poi ad ammalarsi. Per alcune persone, tuttavia, non è così facile. Esse si scontrano con un ostacolo interno: non si permettono di stare bene; hanno in sé un divieto profondamente radicato di concedersi un po' di ozio, gioia di vivere e momenti di svago. Per loro è indispensabile riconoscere prima di tutto l'importanza della tranquillità, della riflessione, del tempo libero e del riposo, per concedersi finalmente qualche tregua e riuscire a godersela.

Quando la parola d'ordine è "chiedere a se stessi sempre il massimo", si rischia facilmente di cadere nell'estremo opposto, vale a dire la tendenza a chiedere troppo poco a se stessi, evitando ogni sfida che ci si trova davanti.

Gudrun, una donna d'affari di successo, dopo essersi dedicata anima e corpo al lavoro per anni, non sognava altro che andarsene in pensione e pensare ad altro. Quando finalmente arrivò il momento lasciò la Germania e se ne andò a vivere al mare, su un'isola. Lì, però, la situazione prese una piega diversa. Dopo un breve periodo di relax, l'ex donna d'affari ebbe enormi difficoltà ad accettare quella nuova forma di esistenza. Ogni tentativo di stringere rapporti con altri pensionati come lei le procurava solo delusione. Evidentemente quello stile di vita inattivo non corrispondeva ai valori da lei sempre perseguiti. Non riusciva a sopportare tutto quel tempo libero, né tanto meno a godderselo. Non le restò di meglio da fare che colmare quel vuoto con malesseri difficilmente diagnosticabili, che richiedevano tutta la sua attenzione e a un certo punto la costrinsero a fare ritorno in patria per farsi curare.

Svenja, che nella sua attività di insegnante era solita dare sempre il massimo e arrivare a varcare la soglia dell'esaurimento, pensò di risolvere la situazione concedendosi un anno sabbatico, nel quale voleva riuscire a "essere davvero se stessa" – come se lavorando come educatrice non lo fosse. Quell'anno si rivelò il peggiore della sua vita. Svenja riconobbe che anche viaggiando tendeva a pretendere da sé sempre più di quanto era possibile, tanto che al termine del suo giro del mondo si ritrovò ricoverata in un ospedale boliviano. Il ritorno al lavoro le procurò un momentaneo sollievo. Dato, però, che ancora oggi la situazione non è cambiata e gli errori sono ancora quelli di un tempo, ora Svenja sogna una vita migliore una volta ottenuto il prepensionamento per cui ha inoltrato richiesta.

Crescere lungo le linee di confine

Quando stabilire limiti e confini dipende dalla forza e dalla capacità di sfruttare tutto lo spazio a nostra disposizione, anch'essi risultano variabili. Ci sono giorni, infatti, nei quali ci sentiamo forti e situazioni nelle quali siamo pienamente consapevoli delle nostre debolezze.

Una situazione tipica in palestra. Sento di non avere energie, né voglia di praticare sport. Allo stesso tempo mi rendo conto che proprio in giorni come questi il muovermi mi farebbe bene. Supero quindi l'indolenza pensando al senso di benessere che subentrerà una volta terminato l'allenamento. Mentre fatico sul tapis-roulant, tuttavia, mi chiedo se riuscirò a completare i 15 minuti obbligatori di riscaldamento. Cinque minuti dopo posso rispondere affermativamente. Ma riuscirò ad allenarmi come ho fatto tre giorni fa? Quei 45 minuti oggi mi sembrano irraggiungibili. In ogni caso, non sono obbligato a completarli. L'importante è che riscaldi i muscoli e poi passi alle macchine, in modo da non distrarmi. Mi rendo conto di acquistare sempre più energie e di sentirmi meglio. In ogni caso, cerco di non strafare ponendomi obiettivi troppo elevati, che mi indebolirebbero soltanto. Cerco di mantenere una certa distanza, mi dico che dai 720 metri percorsi finora probabilmente arriverò a 800. E poi do un'occhiata alle calorie bruciate. Forse riuscirò a bruciarne 132 su 140. Poi controllo di nuovo il tempo. Dai 23 minuti prolungo l'allenamento fino a 30. Mi sento sempre meglio. Compio un piccolo passo dopo l'altro senza sentirmi sotto pressione. Alla fine raggiungo i 50 minuti. Dato che vorrei fare anche un po' di macchine e per la sera ho altri programmi, per oggi termino qui l'allenamento sul tapis-roulant.

Nella situazione appena descritta i limiti vengono ampliati di volta in volta dall'interessato grazie alla maggiore energia che lui avverte procedendo nell'allenamento. Contemporaneamente, aumenta anche la sua efficienza. L'allenamento in palestra ci fa sentire meglio a livello fisico e ci rende non solo più attivi, ma aumenta anche il piacere di fare moto, perché mette in circolo le energie. Mobilizzando più energia, i limiti vengono spostati ancora un po' più in là. A migliorare la prestazione in maniera naturale e rilassata non è tanto il voler raggiungere un traguardo o il rispettare una regola, ma la sensazione fisica sempre più gradevole.

Crescere e migliorare grazie a limiti ragionevoli

Le situazioni straordinarie richiedono sforzi inusitati. Ci rendiamo conto di avere raggiunto il limite, ma sappiamo anche che se a quel punto non diamo il cento per cento e non superiamo noi stessi, poi ne pagheremo le conseguenze. Quando arriviamo a questo punto abbiamo la possibilità di un cambiamento, se non ci tiriamo indietro. La necessità di resistere e di superare la sfida mobilita ogni energia a nostra disposizione, che viene orientata in una precisa direzione. In una situazione di questo tipo troviamo il coraggio che non avremmo mai pensato di avere, la nostra percezione è focalizzata sulla sfida, la mente è chiara e incentrata sulla soluzione. Ogni esitazione scompare.

Chi ha sperimentato questo tipo di situazioni sa che le preoccupazioni per quello che potrebbe accadere hanno poco riscontro nella vita reale. Chi tende a preoccuparsi in anticipo parte dalla classica condizione di fiacchezza fisica e di ottundimento mentale di chi ragiona troppo. Nella situazione concreta della sfida, invece, diventiamo diversi, siamo centrati e focalizzati, pensiamo in modo chiaro e, soprattutto, siamo energeticamente carichi. Grazie a quella sfida cresciamo e siamo in grado di spingerci un po' oltre quelli che finora sono stati i nostri limiti.

Hildegard lavora come segretaria presso un avvocato. Oggi è presissima da alcune scadenze, per cui non può e non vuole nemmeno tornare a casa all'orario consueto. Decide di fare degli straordinari. Poco dopo le 19 la moglie del capo porta in ufficio uno spuntino. Intorno alle 20.30, però, è proprio ora di staccare. Hildegard si rende conto di essere allo stremo delle forze e di non riuscire più a concentrarsi. Se non smette, probabilmente l'indomani non si sentirà bene e questo significherà essersi davvero spinta oltre i limiti. Dice al capo che deve tornare a casa, in modo da essere in forma l'indomani alle 9. Lui la ringrazia per l'impegno dimostrato. La rassicura che la moglie, una volta messi a letto i bambini e sistemata la madre anziana, gli darà una mano. In un modo o nell'altro riuscirà a finire il tutto per tempo. Augura quindi alla segretaria buona notte e la ringrazia ancora una volta.
Mentre lo fa, accade qualcosa di strano. Il riconoscimento da parte del capo sembra trasmettere a Hildegard altre energie. Tutto a un tratto lei si sente di nuovo in forze e decide di rimanere un altro po'. Grazie a quel ritorno di energia i suoi limiti si sono notevolmente ampliati. Le fa piacere riscontrarlo e lavora ancora per una o due ore con estremo piacere.

Per evitare equivoci: spingersi fino ai propri limiti e rispettarli è qualcosa di completamente diverso rispetto a trovare la "giusta via di mezzo"! Chi percorre sempre e solo quest'ultima – che secondo me non è poi sempre così giusta – non arriva mai a scontrarsi con i propri limiti. Probabilmente non li ha mai nemmeno messi alla prova. L'ideologia della giusta via di mezzo ci limita, ci intimidisce e ci porta a sottometterci volontariamente, ci trasforma in consumatori facilmente manovrabili e in elettori amorfi. Non si tratta di darsi dei limiti affinché tutto rimanga come è sempre stato e prosegua lungo binari prestabiliti, bensì di riconoscerli, rispettarli e imparare ad ampliarli. Solo limiti sicuri permettono di crescere e migliorare senza dovere poi subire ripercussioni negative e rassegnarsi.

Cosa ci rende più forti e allarga i nostri confini

Se il nostro spazio vitale e i nostri limiti rispecchiano l'energia e la capacità da parte nostra di assumerci responsabilità, ogni miglioramento nella gestione delle possibilità a nostra disposizione ci permette di ampliarli. Vale la pena cercare di capire quali fattori sono in grado di renderci più forti e farci crescere.

SUCCESSO. Il successo ci ricompensa per una certa attività svolta grazie al risultato conseguito. Ci siamo sforzati e abbiamo raggiunto quanto prefissato. Abbiamo seminato e ora siamo giunti al momento del raccolto, che si rivela addirittura più ricco del previsto. Il successo è un'aggiunta di energia che ci fortifica e torna a nostra disposizione. Questa energia vuole rientrare in circolo e può permettere ulteriori traguardi. Il nostro agire genera da solo la propria ricompensa. Grazie a questo diventiamo ancora più forti e, di conseguenza, possiamo ampliare ancora un po' i nostri limiti e crescere insieme a essi.

RICONOSCIMENTO. Un successo può rivelarsi anche in maniera non diretta, in quanto non richiede per forza la presenza di altre persone. Differentemente, il riconoscimento implica un fattore sociale. Qualcuno ci ringrazia, ci fa dei complimenti, ci dimostra approvazione e noi ci sentiamo apprezzati. È una bella sensazione, quando siamo disposti ad accettare tutto ciò. Questa conferma da parte di altri ci rende più forti e ci spinge a osare oltre.

SFIDE. Ogni sfida che la vita ci pone, o che noi stessi cerchiamo, ci porta a mobilitare tutte le energie per superarla. Facciamo enormi sforzi, ampliamo il nostro territorio e osiamo spingerci oltre i limiti finora rispettati. Senza sfide non avremmo la possibilità di crescere e migliorare. Se accettiamo la sfida abbiamo la possibilità di maturare grazie a essa e di allargare i nostri confini. Se ci tiriamo indietro, anche i nostri confini si restringono. Se le sfide vengono a mancare, le nostre forze rischiano di assopirsi e ci ritroviamo in una situazione di stagnazione, il nostro raggio d'azione si riduce e possiamo addirittura perdere la percezione delle nostre forze reali – cosa che a sua volta ci rende solo più deboli e ci limita ulteriormente. È possibile tuttavia capovolgere questa tendenza osando di nuovo spingerci verso i nostri limiti, procedendo passo dopo passo, in modo da evitare ripercussioni sgradevoli.

Quando i confini si fanno più stretti

Di fronte a noi abbiamo anche un'altra sfida: invecchiamo e con il tempo abbiamo sempre meno energie a disposizione. Forse soffriamo già di una malattia progressiva e il nostro raggio di azione si restringe sempre più, come pure il nostro spazio vitale. A questo punto ci si deve limitare a fare quanto ancora è possibile. Tentare di mantenere le prestazioni allo stesso livello di un tempo servirebbe solo ad accelerare ulteriormente il processo di calo. Quello che un tempo era per noi possibile, ora sarebbe troppo per le nostre forze e porterebbe inevitabilmente al fallimento. D'altra parte, anche cedere terreno troppo presto potrebbe indebolirci precocemente.

In una simile situazione è importante prendere la debita distanza dalle pretese della persona che ancora eravamo poco tempo fa. Ieri riuscivamo ancora a farlo, mentre oggi... Molti di coloro che si trovano in una situazione di questo genere si abbattono, complicandosi la vita. Soffrono per un processo naturale inevitabile. Se anche in questo caso ci affidiamo alla percezione del corpo, riusciamo a individuare i nostri limiti e, anche se da un punto di vista esterno sembriamo perdere terreno, dentro di noi non avvertiamo alcun senso di sconfitta. Rimaniamo dove siamo sempre stati: nella zona prossima ai nostri limiti, quella zona che ci rispecchia appieno e nella quale siamo più forti e ci sentiamo al meglio.

La spinta a crescere rimane ancora – anzi, forse ora che i limiti si restringono e non ci è più possibile lanciarci in imprese troppo azzardate, si fa sentire ancora di più. Allora dobbiamo rivolgerci in un'altra direzione. Proviamo ad ampliare la nostra coscienza! Anche se le facoltà intellettive vengono meno, una cosa è ancora possibile: imparare ad accettare di più. Accettare tutto ciò che è stato, accettare la limitatezza del nostro essere e della nostra esistenza.

Capitolo 4

Centrarsi su se stessi: il primo passo per fissare limiti

Essere centrati su se stessi significa riuscire a sentirsi, essere in contatto con sé, essere esattamente dove si è – nel proprio corpo. Chi non è centrato è altrove, ovunque e da nessuna parte, mai in sé e nella posizione che gli spetta. Nei casi estremi, a livello energetico è vicino alla persona dalla quale cerca di tenersi a distanza! Viene naturale riconoscere che ciò porta a compiere sforzi vani.

Quando non si è centrati su se stessi e non si percepisce il proprio corpo, non è possibile individuare e difendere i propri limiti. Spesso il problema è che i metodi adottati non si rivelano efficaci. Il primo passo per segnare i confini è quindi centrarsi su se stessi. O meglio: centrarsi è il primo passo per portare ordine e chiarezza nella propria vita. Spesso già questo permette di modificare il rapporto con se stessi, la relazione con gli altri e con il mondo esterno. Dove sono? Dove smetto di essere? Quanto sono forte? Cosa sono in grado di affrontare? Fino a che punto posso influire? Fino a che punto posso assumermi responsabilità? Dove sei tu? E fino a dove arrivi? Fino a che punto ti permetto di avvicinarti a me?

Nella pratica questo significa, ogni volta che ci si appresta a fare qualcosa, non iniziare più dalla posizione 3, 18 o 389, ma dall'1; il centrarsi su se stessi. Da lì si può proseguire passo dopo passo senza inciampi. Smetterete di sabotare voi stessi, perché smetterete di voler essere più di quanto siete.

In contatto con il corpo, in contatto con se stessi

Chi è centrato su se stesso, percepisce se stesso. Del suo corpo non avverte solo sensazioni sgradevoli, ma il tutto. Apprezza il fatto di essere al mondo, di vivere, respirare, potersi muovere, avvertire l'energia che scorre dentro di sé. Questa condizione dell'essere presenti a se stessi è generalmente accompagnata da gioia. Ci permette di percepire ogni segnale di cambiamento e, con esso, capire anche se ci stiamo spingendo troppo oltre le nostre possibilità o, al contrario, ci manteniamo troppo al di sotto di esse.

Chi è centrato su se stesso ha il vantaggio di percepire il mondo dalla propria prospettiva personale. È in grado di occupare la posizione che gli spetta all'interno dell'esistenza. Questo permette di individuare i propri interessi e di prendersi cura di sé. Chi non è centrato su se stesso si indebolisce a livello energetico. Distoglie l'attenzione e, in tal modo, disperde energie. Di conseguenza è una persona aperta a tutto, in balìa di stimoli esterni, distrazioni e tentazioni e che, in casi estremi, cade persino sotto il controllo altrui.

Esercizio: riflettere su quanto si è centrati su se stessi al momento presente

Cosa percepite in questo momento? Concentratevi sul singolo "istante".

A quali canali sensoriali si collegano tali percezioni:

- vista
- udito
- tatto
- olfatto
- gusto

Concedetevi il tempo di osservare con attenzione le varie percezioni sensoriali.

Distinguete tra percezione esterna e percezione interna

- Cosa percepite di esterno a voi?

- Cosa percepite al vostro interno?

Cosa potete percepire dentro di voi

- Pensieri: ciò che pensate e come lo pensate
- Emozioni e stati d'animo come gioia, irritazione, tristezza, divertimento, amore, simpatia...
- Sensazioni fisiche: calore, respirazione, pulsazioni, forza, impulsi; bisogni come, per esempio, la sete; tensione e distensione, senso di leggerezza o di pesantezza, stanchezza o prontezza, fame o sazietà, energia o spossatezza... e via dicendo.

Attraverso questo esercizio entrate in comunicazione con voi stessi e siete nella condizione di provvedere a voi, alla vostra sopravvivenza e al vostro benessere.
Dopo avere letto le indicazioni su come procedere, registrate ancora una volta con attenzione ogni vostra sensazione interiore del momento.

Concentrarsi su se stessi: ridurre la percezione di stimoli esterni

È stato dimostrato che una persona è in grado di percepire contemporaneamente dai cinque ai nove stimoli. La formulazione esatta è: 7 ± 2. Come sono suddivisi gli stimoli che percepite voi? Quanti ve ne giungono dall'esterno in questo momento? (L'abbaiare del cane, un'auto che passa, lo scrosciare della pioggia contro i vetri, la radio del vicino di casa, i quadri alle pareti...)

E quanti stimoli percepite dal vostro interno? (L'attenzione, ora tutta rivolta dentro di voi, fa sentire il calore nella pancia, l'appoggio della schiena alla spalliera della sedia, la distensione via via maggiore, la posizione che vi ostacola lievemente la respirazione, l'impulso a raddrizzarvi, stiracchiarvi e sedervi ben dritti...)

Più stimoli percepite dall'esterno, meno siete centrati su voi stessi. Lo siete solo se avvertite dai tre ai quattro stimoli provenienti da fuori. Io, per esempio, in genere avverto piedi e gambe, la pancia, il respiro e, naturalmente, i pensieri. Mi resta posto sufficiente per stimoli esterni utili per orientarmi correttamente nel mondo e a livello sociale. Per un breve arco di tempo posso anche dirigere quasi tutta l'attenzione su un punto esterno a me, per esempio su un compito che sto svolgendo, ma poi la riporto su me stesso. In questo modo non mi perdo. In questo modo posso, per esempio, accorgermi per tempo se sto compiendo uno sforzo eccessivo e provvedere a ridurlo.

Le conseguenze sono davvero sorprendenti. Il mondo esterno passa in secondo piano. Diventa per voi più silenzioso e i suoi stimoli vi distraggono meno. Chi percepisce se stesso disperde anche meno energia, poiché questa segue l'attenzione. Dirigendo così la vostra percezione, vi sentirete anche più calmi e potenti. Agli altri apparirete più presenti e più forti. Nei paragrafi che seguono troverete molti consigli pratici per migliorare la percezione di voi stessi e la centratura del sé.

Attenzione! La percezione di un disturbo può diventare una trappola

Alcuni lettori troveranno da obiettare, sostenendo di avvertire costantemente il proprio corpo: i dolori alla schiena, il senso di affanno... Nella percezione, infatti, ad avere priorità è in genere ciò che disturba. Questo presenta il vantaggio di spingerci a non ignorare i dolori, a occuparci delle ferite, a migliorare il nostro stato. Purtroppo, però, porta anche a sviluppare un'idea parziale del corpo. Si avverte solo il dolore e il fastidio, ma non tutto ciò che è sano. Per alcuni malati questo rappresenta un vero e proprio problema che impedisce la guarigione, poiché la loro attenzione è costantemente puntata sullo stimolo fastidioso e non sui miglioramenti raggiunti.

La questione non è fingere di non vedere il negativo, ma riequilibrare la percezione. Per esempio, anziché fissarsi su stimoli fastidiosi e non modificabili, sarebbe più sensato "relativizzare" il modo di sentire. Chi ha il piede sinistro dolorante e soffre per questo, può concentrarsi allo stesso tempo su quello sano. Centrarsi su se stessi significa dirigere la percezione sulle zone sane del corpo. Che questo in molti casi produca una riduzione del dolore è un piacevole effetto collaterale. Così facendo ci sentiamo più sani e più forti e, di conseguenza, stiamo meglio.

Esercizi di centratura del sé

Tapping

Un ottimo aiuto per centrarsi su se stessi consiste nel picchiettare il corpo in modo delicato e piacevole, quasi a simulare le gocce di pioggia. Cominciate dalla testa e proseguite poi fino ad arrivare ai piedi. Lì smetterete. Osservate come vi sentite, a quel punto. Siate completamente presenti nel vostro corpo. Avendo iniziato dalla testa e finito con i piedi avete spostato la percezione dall'alto sempre più in basso.

Tapping mentale

Se il semplice esercizio sopra descritto vi piace e vi aiuta a sentire meglio il vostro corpo, provate anche a svolgerlo a livello mentale – solo con l'immaginazione. Nessuno lo vedrà. Il tapping mentale offre un ulteriore vantaggio: vi permette di raggiungere anche zone del corpo alle quali non riuscireste ad arrivare, per esempio la zona tra le scapole. Ad alcune persone piace picchiettarsi dall'interno!

Massaggio delicato

Potete sostituire il tapping con un massaggio delicato. Anche in questo caso cominciate dalla testa e proseguite fino ai piedi. Potrete poi rifare il tutto a livello mentale. Riuscirete così non solo a massaggiarvi nella zona tra le scapole, ma anche dall'interno. In questo modo allenterete le tensioni e imparerete sempre più a percepirvi a livello fisico, tanto che diventerà per voi una piacevole abitudine.

Intonare un suono

Una variante al tapping o al massaggio delicato è intonare un semplice suono o una melodia. Provate a farlo e osservate le sottili vibrazioni prodotte all'interno del vostro corpo. Forse vi renderete anche conto di centrarvi via via sempre più su voi stessi. Incredibile ma vero: potete praticare questo esercizio anche quando siete nel vostro ufficio open-space! Si può infatti intonare un suono anche senza emetterlo. Quando vi sembra di sentirlo, spostate l'attenzione sulle vibrazioni a livello fisico, che vi fanno entrare in contatto con esso.

Avvertire il calore nel centro

Questo metodo è estremamente semplice ed efficace. Io amo adottarlo soprattutto quando fa freddo. Posate le mani sulla pancia e ascoltate cosa accade. Si tratta di un esperimento talmente semplice che potete provare a svolgerlo subito, senza bisogno di interrompere la lettura.

Solitamente si sente che la pancia, sulla quale avete appoggiato le mani, si riscalda. I centri energetici lì presenti entrano in risonanza tra loro e aumentano la produzione di energia, percepibile sotto forma di calore. Orientare la percezione in questo modo potrebbe con il tempo produrre altri effetti, per esempio favorire una respirazione più calma e profonda e allentare le tensioni. Il mondo esterno prenderà via via meno spazio e voi sarete più presenti a voi stessi.

Questo metodo ha uno svantaggio: non si può attuare in ambiente lavorativo, a meno che non si faccia una pausa. A volte nelle donne in età fertile produce l'impressione di essere in dolce attesa. È quindi preferibile la versione mentale, limitandosi a immaginare di posare le mani sull'addome. Se avete già sperimentato la versione reale, anche questa vi riuscirà facilmente.

ATTENZIONE. *I lettori più impazienti, desiderosi di imparare il prima possibile a stabilire i propri confini, potrebbero equivocare e giungere alla conclusione che centrarsi su se stessi equivale a prendere distanza dal prossimo. Chi è centrato su se stesso può comunque essere apertissimo all'ambiente che lo circonda; è solo più presente a sé e dispone di più energie. Solo in quello stato, a volte, riesce a permettersi di aprirsi al mondo esterno. Conviene imparare ad adottare in modo consapevole posizioni differenziate nel contatto con gli altri. Non identificate quindi l'essere centrati su di sé con il chiudersi agli altri. A volte è bello essere aperti e disponibili, ma lo è altrettanto sentirsi pieni di energie e del tutto presenti a se stessi.*

Cosa ci è di ostacolo nel centrarci su noi stessi

Nel corso dei vari capitoli verranno illustrati nel dettaglio gli ostacoli che possono emergere nel processo di definizione dei propri confini. Già le premesse per riuscire a farlo, tuttavia, possono comportare alcune difficoltà. I punti che seguono sono a volte di ostacolo nel tentativo di centrarsi su se stessi.

I PROPRI BISOGNI E NECESSITÀ. Chi riesce a percepire se stesso, assieme al corpo avverte anche i propri bisogni e, oltre a essi, forse anche la propria condizione di necessità. E questo può rivelarsi doloroso, in tal caso riesce più facile occuparsi degli altri che di sé. La preoccupazione per il prossimo può addirittura diventare una scappatoia per evitare di riconoscere ciò di cui si ha bisogno. Spesso infatti alla mancata percezione del proprio corpo si accompagna la tendenza a idealizzare l'assenza di bisogni, la rinuncia e l'aiuto agli altri. In questo caso non siamo nemmeno in grado di prendere le distanze dai bisogni e dalle sofferenze altrui.

Nessuno può impedirci di avvertire il nostro dolore. Solo riconoscendolo e affrontandolo ci è possibile spezzare l'incantesimo sul corpo. Se cerchiamo invece di evitarlo, esso continuerà a segnare a livello subliminale tutta la nostra esistenza. Richiede coraggio riconoscere il proprio stato di bisogno. È consigliabile non affrontare da soli questa sfida, ma facendovi aiutare da una persona competente. Farlo costituisce già un primo passo nel dichiarare i propri bisogni.

RIFIUTO DEL PROPRIO CORPO. Si è scoperto un difetto nel proprio corpo, magari un'imperfezione, un handicap o una piccola malformazione, per cui si incontrano difficoltà nel dedicarsi benevolmente a esso e nel provare a centrarsi su di sé. A volte quel difetto non è visibile agli altri e il rifiuto non risulta comprensibile. L'accettazione del proprio corpo è un compito cui nessuno di noi può sottrarsi e che spetta solo a noi stessi: un'operazione di chirurgia estetica non risolverebbe comunque la questione. Anziché il chirurgo, in questo caso, è meglio consultare uno psicoterapeuta.

IL CORPO COME ZONA TABÙ. Per alcune persone il problema non è il non raggiungimento di un ideale di bellezza, ma anche solo non riuscire ad accettare la propria fisicità. In certi casi il corpo sottostà a un rigido divieto di percezione. Queste persone non si permettono di avere un corpo. Forse anche a voi è capitato qualche volta di decidere di non volerlo più avvertire. Le ragioni potrebbero risalire al modo in cui i genitori hanno gestito la nostra sessualità infantile o a un abuso sessuale subìto in passato.

TRAUMI. Episodi traumatici accompagnati da dolore, violenza e abusi ci portano in genere a separarci dal corpo. La barriera nella percezione di sé serve a proteggere da un altro eventuale incontro con la sofferenza subita. In questi casi non si deve esitare a consultare un esperto in terapia dei traumi.

In armonia con me stesso: testa, cuore e pancia in equilibrio

Viviamo in una cultura contraddistinta da una contrapposizione tra spirito e corpo. L'equilibrio tra pensiero, emozioni e fisicità risulta disturbato. A scuola ci vengono richieste capacità intellettuali. Alla mente è sempre riservato il posto d'onore, mentre emozioni e corpo tendono a essere sminuiti e non hanno modo di affinarsi. Questo fa sì che per molti il lavoro intellettivo prenda davvero troppo spazio.

Il problema non è solo il fatto che la testa ci è di scarso aiuto nello stabilire i limiti; dobbiamo anche assicurarci che non perda il contatto con noi e che non si intrometta con i suoi continui pensieri. Dominare la mente e tenerla a freno sono però anch'esse attività della mente, che a sua volta deve essere diretta. Insomma, sembra un'impresa paragonabile all'avventura del Barone di Münchhausen, che uscì incolume dalle sabbie mobili tirandosi da solo per i capelli!

Quando si pensa troppo

"Lo Spirito, come il vento, soffia dove vuole," si legge nella Bibbia. Lo spirito e la mente non conoscono confini – ed è bene che sia così, altrimenti saremmo limitati. Formuleremmo sempre gli stessi pensieri e non avremmo modo di evolverci. È compito della mente spingersi oltre lo stato attuale. Attraverso il pensiero siamo in grado di anticipare a livello teorico possibili sviluppi, immaginarci cosa potrebbe succedere in determinate condizioni. La nostra mente può formulare alternative e immaginare la situazione futura provando a viverla in anticipo. È più facile che dover vivere tutto nella realtà e pagarne il prezzo.

Cionostante, a volte la testa va per conto proprio. Rischia allora di distaccarsi da fatti e dati reali, dalle intenzioni e dagli obiettivi da noi posti. Quando questo accade tende ad allontanarsi troppo dalla vita pratica e non risulta più legata all'azione. I pensieri spesso non possono essere attuati e rimangono pura teoria. Pensare in questo modo non solo non ci è di alcuna utilità, ma può creare problemi, per esempio portandoci a immaginare difficoltà e ad agitarci senza motivo, nonché impedendoci di svolgere quanto dobbiamo. A quel punto ci occupiamo delle cose più lontane e dimentichiamo quelle presenti. A volte, quindi, è necessario guidare il pensiero per impedire che prenda il sopravvento e arrivi a dominare, quando è invece più utile se si mette a servizio.

Pensare in modo consapevole o in automatico?

La questione non è vietarsi di pensare, ma utilizzare la mente in maniera consapevole. Voi pensate sempre. Il cervello non può fare altro ed è sempre a disposizione con tutto il suo potenziale. Affidate quindi alla mente compiti, obiettivi o direzioni concrete e prestate un'attenzione consapevole ai pensieri che formulate.

Chi è in realtà a pensare, quando lo facciamo? Pensiamo in modo consapevole e volontario? Oppure il pensiero si formula in modo più o meno automatico all'interno del cervello? Di chi sono quei pensieri? Siamo noi a formularli? O sono i pensieri a "pensare" noi? Chi è realmente a controllare cervello e idee? Per acquisire maggiore consapevolezza sulla nostra attività mentale abbiamo prima di tutto bisogno di prendere distanza da essa in modo da osservarla, per così dire, dall'esterno.

ESERCIZIO: CONSAPEVOLEZZA DEL PROPRIO PROCESSO MENTALE

Un facile esercizio: mentre siete seduti e state pensando, alzatevi, spostatevi di lato, immaginate di osservarvi e ponetevi le seguenti domande:

- Cosa sto pensando in questo momento?

- Come lo sto pensando?
- Voglio davvero pensare quella cosa?

Praticando l'attenzione consapevole, all'inizio può accadere che i pensieri sembrino arrestarsi all'improvviso. Basta un attimo di pazienza e vedrete che torneranno subito.

Prestando attenzione alla vostra attività mentale scoprite se la mente tende a perdersi, se vi regala nuove scoperte e porta a un risultato. Potete immaginarvi i pensieri anche graficamente e scoprire se in genere tendono a disperdersi, a ripetersi o se la vostra mente segue circuiti chiusi che si fanno via via più stretti...

Dapprima vi sarà di aiuto porvi queste domande. Più avanti non avrete più bisogno di alzarvi dalla sedia e cambiare posizione quando riflettete su quello che state pensando. Diventerà per voi una routine osservarvi di tanto in tanto mentre lo fate. Così facendo, rimarrete non solo in contatto con la mente, ma imparerete anche a pensare in modo consapevole. Eviterete di cadere vittima del peggior nemico del pensiero libero: le vecchie abitudini mentali.

Relativizzare l'attività mentale tramite la percezione consapevole

Uno dei rischi di un'attività mentale illimitata consiste nel distaccarsi dalla realtà. In tal caso, anziché essere in contatto con le cose e i fatti che ci interessano, ci limitiamo a pensare. Una corretta percezione ci risparmia questo lungo e noioso teorizzare. La percezione, inoltre, rappresenta il primo passo della comprensione e dell'accettazione. Tutt'altro dicasi del pensiero staccato dalla percezione, che spesso parte da un "dovrei" e da un "in realtà", da teorie su come il mondo, noi stessi o "gli altri" dovrebbero essere. Allora, pensando, ci impelaghiamo in conflitti eterni e creiamo noi per primi problemi. Fra l'altro, questo avviene tramite un meccanismo alquanto semplice. Un problema, infatti, altro non è che la discrepanza tra l'idea di come si dovrebbe essere e la situazione reale. È bene limitare il numero dei problemi sui quali si rimugina, in modo da riuscire a risolverli o, nel peggiore dei casi, a conviverci.

Tutta la famiglia era preoccupata per Matthias. Se a scuola avesse continuato così, di sicuro non avrebbe superato l'esame di maturità. A lui non sembrava importare molto: preferiva lavorare in un'officina che continuare gli studi. I genitori non facevano che ingigantire la questione, sostenendo che il ragazzo stesse pregiudicando il suo futuro. Anche Corinna, la sorella, lo assillava di continuo, pur non essendo nemmeno lei convinta dei suoi futuri studi universitari. Solo quando il fidanzato si dichiarò alquanto sorpreso nel vederla comportarsi così, Corinna capì che tutte quelle preoccupazioni nei riguardi del fratello erano un'ingerenza nei suoi confronti. La questione riguardava solo Matthias, tanto più che le ansie non scaturivano esattamente da lei, ma erano quelle dei genitori. I genitori prendevano come punto di partenza una condizione auspicata, vale a dire che il ragazzo conseguisse la maturità e proseguisse gli studi, come prevedeva la tradizione di famiglia. Il problema di per sé non esisteva, lo stavano solo creando loro. Si trattava dunque di permettere semplicemente a Matthias di percorrere la sua strada ed essere felice. Che per riuscirci dovesse per forza andare all'università, Corinna per prima lo poteva escludere per esperienza personale.

Esercizio: il buttafuori

In un simile contesto risulta indicato anche il "metodo dello zerbino". Cosa vorreste portare in casa con voi, per esempio, quando tornate dal lavoro o dal supermercato? E cosa preferireste invece lasciare fuori di casa? Potete ampliare ulteriormente l'immagine dello zerbino, sul quale ci si pulisce le scarpe dalla polvere della strada, pensando a una porta d'ingresso dotata di spazzole rotanti (tipo quelle del lavaggio auto). Immaginate che quelle enormi spazzole vi liberino da tutto ciò che non vi appartiene. Soprattutto nel momento di stacco dal lavoro, immaginarsi una cosa simile può favorire il passaggio a uno stadio di maggiore calma. Ogni volta che in futuro vedrete uno zerbino, potrete collegarlo a questa funzione.

Sono i miei pensieri? Sono le mie emozioni?
È il mio stato d'animo?

A volte per impedire che pensieri, emozioni e stato d'animo prendano una strada tutta loro basta porsi semplici domande:

- Questi sono davvero i miei pensieri?
- Queste sono davvero le mie emozioni?
- È questo il mio stato d'animo?

Può succedere, infatti, che non siano affatto i nostri. Accade spessissimo di lasciarsi contagiare. Più siete sensibili e più siete aperti ai pensieri, alle emozioni e agli umori delle persone che vi circondano. Ecco quindi che la mattina saliamo sulla metropolitana e all'improvviso, senza sapere perché, ci sentiamo privi di entusiasmo pensando al lavoro, nonostante un attimo prima avessimo voglia di arrivare in ufficio...

Relativizzare l'attività mentale tramite le emozioni e lo stato d'animo

Un altro rischio della mente consiste nel dare priorità ai pensieri ignorando emozioni e sensazioni fisiche. Così facendo, la mente si fa sempre più astratta e speculativa. Il dispotismo del pensiero e la sua visione di parte ci fanno quindi perdere il contatto con la realtà. Ma non è tutto: perdiamo anche il contatto tra la mente e la nostra persona, la sua situazione e i suoi limiti. Nell'epoca attuale e nei paesi occidentali la mente tende a essere salvaguardata, favorita e considerata al primo posto, mentre le altre modalità di accesso alla realtà – emozioni e stato d'animo – hanno la peggio, passano in secondo piano. A volte si reprime addirittura e si sminuisce il modo in cui ci si sente a livello fisico. Ne rimane quindi un'ombra, spesso relegata sul fondo, sotto forma di sintomi dolorosi e disturbi. E allora, comprensibilmente, cerchiamo di percepire ancora meno il nostro corpo...

Quando le emozioni ci sfuggono

Le emozioni vengono spesso interpretate come una sorta di decorazione aggiuntiva, finalizzata a rendere la vita un po' più colorata – soprattutto quella delle donne – e a volte, purtroppo, anche a complicarla parecchio. Il fatto che le emozioni rappresentino importanti sensori della nostra situazione sociale e psicologica viene completamente ignorato. È la sfera emotiva a segnalarci i bisogni, le mancanze, gli insuccessi o le riuscite in questo campo. Per esempio, ci premia e inorgoglisce facendoci provare amore e felicità, ci rassicura e ci supporta quando ci apprestiamo ad affrontare una prova, oppure ci tormenta e ci mostra quando siamo troppo chiusi in noi stessi, non viviamo relazioni sociali positive e soddisfacenti e non riceviamo abbastanza dal mondo esterno.

Tutti abbiamo sentito di qualcuno che, pur essendosi sempre comportato in maniera impeccabile e ragionevole, all'improvviso si è lasciato sopraffare dalle emozioni e ha fatto il classico colpo di testa. Magari un padre modello che da un momento all'altro ha abbandonato moglie e figli per trascorrere il resto della vita con una prostituta incontrata occasionalmente. Oppure indipendenti donne d'affari che con molto lavoro, ambizione e calcolo si sono assicurate una vecchiaia tranquilla, ma all'improvviso impazziscono e intestano ogni loro avere a un giovincello conosciuto in vacanza...

Se si arriva a situazioni difficili di questa portata è proprio perché per troppo tempo si sono ignorate le emozioni. Infatti, più qualcosa viene represso, meno riusciamo a gestirlo in modo consapevole. Testa e cuore sono ormai talmente invischiati in questa lotta all'ultimo sangue da non essere più in grado di collaborare in maniera costruttiva. Mentre la testa ha lasciato predominare la pura razionalità, quando poi è il cuore a farsi largo, prende il sopravvento l'irrazionalità totale. Se fino al momento presente la ragione ha escluso le emozioni, adesso queste non conoscono più confini e, purtroppo, nemmeno limiti. Solo vivendo in continuo e attento contatto con esse abbiamo la possibilità di percepirle e di comprendere in modo naturale ciò che ci trasmettono, senza lasciarci manipolare e dominare da esse e, di conseguenza, dagli altri.

Spesso ignorata: la sensibilità

Ancor più ignorata e molte volte del tutto sconosciuta è la sensibilità a livello fisico. La percezione del corpo ci permette di individuare ciò di cui abbiamo bisogno e rispecchia il nostro rapporto con noi stessi. Come sto guidando la barca della mia esistenza? Procede tutto in modo armonioso? In che modo cerco di aiutarmi? Ci sono pericoli? Dove si nascondono possibili fondali insidiosi? E cosa potrei incontrare? A cosa devo prepararmi? Navigo in acque tranquille?

Un aspetto importante dell'attenzione alla nostra condizione fisica è il fatto che, dal punto di vista della storia evolutiva, le zone più antiche del nostro cervello – molto più antiche di quelle che usiamo per pensare e teorizzare – possono comunicare con noi solo tramite sensazioni e segnali fisici. Senza questa parte di intelligenza non avvertiremmo il senso di correttezza, sicurezza, rischio e non sapremmo cogliere le opportunità. È l'intuizione, che ci parla attraverso la pancia, a fiutare abilmente le occasioni, i possibili successi o i rischi. È sempre il corpo a ricordarci la nostra limitatezza. Se siamo disposti a riconoscerne i segnali e a prenderli in considerazione, esso comunica con noi attraverso sintomi – a volte anche dolorosi – che si ripropongono di continuo se noi li ignoriamo.

Se riconosciamo nella sensibilità fisica un linguaggio per un dialogo interiore che ci permette di diventare padroni della nostra vita, allora non rischiamo più di lasciarci sopraffare da dolori o fastidi di vario genere. Grazie al collegamento tra mente, emozioni e sensazioni fisiche che ci tiene sempre ben radicati, il nostro spazio interiore si amplia. L'impulso a disperdersi all'esterno, a spingersi oltre i propri limiti diminuisce. E quando lo facciamo a livello mentale, sappiamo comunque fin dove possiamo arrivare, muovendoci sempre su un terreno solido, perché il corpo ci àncora e ci fornisce appiglio.

ESERCIZIO: TESTA – CUORE – PANCIA: UN METODO PER PRENDERE DECISIONI

Scegliete un semplice problema adatto all'esperimento: potrebbe essere come trascorrere la serata. Più avanti potrete applicare questo metodo anche a tematiche più importanti, ma per il momento è bene iniziare con una situazione irrilevante.
Chiedetevi prima di tutto cosa suggerisce la testa in merito a come organizzare la serata, quali suggerimenti vi propone. Concedetevi un po' di tempo. Poi chiedete al cuore quali sono i suoi desideri. Forse vi suggerirà di chiamare gli amici per trovarsi con loro. Prendetevi il tempo necessario a considerare le proposte provenienti dalla sfera emotiva. Infine chiedete al vostro corpo – o, per semplificare, alla "pancia" – cosa gli farebbe bene. Per questo dovrete concedervi ancora più tempo. La pancia è lenta e non ha la parola facile. Forse potrete aiutarla proponendo voi alternative. Le risposte consisteranno in reazioni a livello fisico che vi indicheranno come comportarvi con le varie opzioni.
Perché il dialogo vi riesca meglio, potete posare le mani sul cuore quando vi rivolgete alla sfera emotiva. Quando date la parola al corpo, invece, spostatele sul ventre. Il contatto con la testa di solito non richiede particolari aiuti.

Mantenersi in contatto con testa, cuore e pancia

In quanto unione di testa, cuore e pancia, il corpo non può perdere il collegamento con i nostri limiti e confini. Quando tutti e tre i fattori collaborano tra di loro – ognuno alla propria maniera – non esauriamo le forze, rimaniamo ben radicati a terra, la mente non perde il contatto con la situazione attuale, è ben ancorata, eppure libera. E le nostre emozioni non vengono più limitate.

Se prenderete coscienza dei vostri pensieri, delle emozioni e della vostra condizione fisica – tre fattori tra loro diversi, ma complementari – avrete accesso a voi stessi e a tutto quanto vi circonda.

Capitolo 5

Qui c'è lo STOP: i diversi livelli della delimitazione

Possiamo porre limiti a diversi livelli. Per esempio, possiamo fissare limiti mentali utilizzando la ragione. Riflettiamo sulla nostra situazione, ci chiediamo cosa ci riguarda e cosa no. Calcoliamo fino a che punto possiamo spingerci senza esagerare, ma anche senza limitarci troppo nelle nostre possibilità. Riflettiamo a lungo su quanto ci conviene mantenere un rapporto con una persona, o quanto possiamo avvicinarci al prossimo. Pensiamo anche al modo migliore per difendere i nostri confini e a come ampliare il nostro campo di azione.

Stabilire limiti a livello comunicativo prevede l'impiego di tutti i segnali che possiamo trasmettere agli altri. Possiamo raggiungere i confini altrui a livello verbale in modi differenti. Possiamo anche comunicare con noi stessi e, per esempio, incoraggiarci a far presente da subito all'altro i limiti che non deve superare. Possiamo lasciar parlare il linguaggio del corpo, i gesti e la mimica, in modo che l'interlocutore capisca: "Questo è il limite. Se proseguo, rischio un conflitto". Di solito ci avvaliamo contemporaneamente di tutte queste possibilità.

In ambito energetico i limiti vengono fissati a livello di aura e di chakra. Questi centri energetici solitamente si chiudono quando qualcosa non ci fa bene, mentre si aprono quando ci sentiamo sicuri all'interno del nostro spazio o quando riusciamo ad aprirci agli altri. L'aura diventa più intensa quando dobbiamo proteggere i nostri confini e può ampliarsi quando siamo in armonia con l'ambiente e i suoi stimoli contribuiscono al nostro benessere. Anche se a livello conscio non è facile percepire il livello energetico di chi ci circonda, esso esercita su di noi un effetto. Anche con il nostro irradiamento energetico possiamo segnalare in modo chiaro e avvertibile: "Fino a qui, ma non oltre!".

In genere si utilizzano tutti i livelli nel momento in cui si definiscono i propri confini. Può tuttavia capitare che un individuo non sia in grado di farlo spontaneamente, o incontri diverse difficoltà a causa della sua indole o di esperienze passate. Qualcuno si vede quindi costretto a ricorrere a particolari metodi per tracciare i propri confini a livello energetico, un altro invece non ha imparato a stabilirne a livello comunicativo, si sente bloccato e ha bisogno di consigli e tecniche per imparare a farsi capire. Spesso gli schemi mentali abituali e i divieti indotti dal pensiero impediscono di trovare il coraggio di riconoscere la realtà e di chiarirsi le idee su bisogni, limiti ed esigenze personali procedendo in modo strategico e razionale.

Delimitazione mentale

Anche se la nostra mente sembra non conoscere confini, essa può fornirci un aiuto sostanziale per stabilirli, non solo indicandoci come procedere nel modo migliore, ma anche facendo chiarezza su quelli che sono i nostri limiti. La chiarezza mentale viene avvertita in modo più o meno cosciente da chi ci è intorno – proprio come la confusione e la conflittualità. Chi per primo non sa fino a che punto può spingersi e quanto può lasciare che gli altri si avvicinino a lui, chi non è certo di cosa è disposto a permettere e cosa no, trasmette al prossimo proprio questo: insicurezza e confusione, dubbi e conflittualità. Per le persone che tendono a non rispettare i limiti altrui niente appare più invitante di una condizione interiore così debole e incerta. Ma anche gli altri, non intenzionati a prevaricare, ne subiscono l'effetto: cominciano a chiedersi fino a che punto potranno spingersi e preferiscono, quindi, tenersi a distanza ed evitarci. A giocare un ruolo fondamentale nel contatto con il prossimo, perciò, è la chiarezza. Questo vale anche, fra l'altro, in ambito lavorativo: quanto si può chiedere ancora al collega o aspettarsi da lui? È un collaboratore affidabile sul quale contare?

Dove si pongono i limiti, e a chi?

Molti di noi sembrano conoscere solo due alternative: o un'eccessiva vicinanza o una totale distanza. Tra il dimostrarsi troppo aperti e troppo chiusi, tuttavia, esistono tante altre possibilità per stabilire confini più giusti. Quanto decidiamo di aprirci o chiuderci nel contatto con il prossimo è una questione legata alla sensibilità interiore.

Quando ero piccolo era molto diffuso, soprattutto tra le bambine, un gioco dal titolo: "Regina, reginella, quanti passi avanti posso fare?". Si trattava proprio di un gioco incentrato su vicinanza e distanza. I giocatori si disponevano lungo una linea, tutti alla stessa distanza dalla regina, che volgeva loro la schiena. Le chiedevano il numero di passi da compiere e quanto lunghi bisognava farli. Lo scopo era raggiungere la regina e prenderne il posto. Se lei all'improvviso si voltava, poteva cogliere di sorpresa gli altri ancora in movimento, o mentre baravano – superamento dei limiti non concesso! A quel punto li rispediva dietro la linea di partenza. La regina faceva di tutto per impedire che le arrivassero troppo vicino e la "detronizzassero".

Esercizio di immaginazione: il metodo della casa con giardino

Immaginate che la vostra vita con tutti i suoi vari ambiti sia come una grande casa con giardino. A chi lasciate libero accesso nell'ampia zona di ingresso? Ci sono persone cui non permettereste nemmeno di entrare in giardino? Chi può superare la soglia? Chi è benvenuto in soggiorno? Chi può entrare nella sala da pranzo e chi addirittura in cucina? Chi può salire al piano di sopra? Chi nel vostro studio? Chi nella camera da letto? Magari avete anche uno stanzino segreto, cui si accede attraverso una porta nascosta dalla tappezzeria... Ovviamente si tratta di un vostro spazio esclusivo! Forse desiderate invitare l'uno o l'altro ad avvicinarsi ancora un po'? E cosa significa questo nella pratica? Più cercate di capirlo, più rapidamente e chiaramente potete reagire nelle varie situazioni e fornire i segnali adeguati. Vi mostrate disponibili ad aprirvi al prossimo o più intenzionati a difendere i vostri confini anche attraverso il modo di presentarvi agli altri e l'energia che emanate.

LA PORTA DIVISA IN DUE

Nella Germania del Nord, in qualche antica abitazione di contadini o pescatori è ancora possibile trovare porte divise in due metà, una superiore e una inferiore, apribili separatamente. Aprendo tutta la porta si può entrare e uscire. Se si chiude la metà di sotto, si può arieggiare la casa e avere il contatto con l'esterno senza temere che galline o anatre facciano il loro ingresso in cucina quando ancora non sono pronte per la pentola. Anche il gatto di casa rimane protetto dal cane del vicino e può dormire sonni tranquilli. La porta divisa in due divide e unisce allo stesso tempo. Alla parte di sotto ci si può anche appoggiare comodamente per fare quattro chiacchiere con chi passa.
La porta divisa in due è una semplice metafora di vicinanza limitata, di una barriera che però unisce. Quanto permettete agli altri di avvicinarsi a voi? A chi non permettete di oltrepassare la soglia? Quand'è che chiudete completamente la porta? Quando aprite solo la parte superiore? E a chi aprite anche quella inferiore, in modo che possa farsi avanti ed entrare?

Una volta chiaritoci con l'aiuto di questi metodi fino a che punto desideriamo tenerci a distanza o avvicinarci all'altro, abbiamo creato la condizione di base per fornire nell'incontro con il prossimo i giusti segnali e prevenire in tal modo incomprensioni.

Delimitazione comunicativa: linguaggio, postura, mimica, gestualità

Al di là dei vari metodi e ambiti di delimitazione, non bisogna dimenticare una cosa, vale a dire il modo più semplice per chiarire limiti e confini: affrontare apertamente l'argomento! Spesso non troviamo il coraggio di farlo. Forse temiamo di apparire deboli e insicuri dichiarando di voler difendere i nostri spazi. In genere, invece, accade esattamente il contrario.

Greta ama la compagnia, ma allo stesso tempo ha bisogno di molta tranquillità. In passato ha avuto problemi in questo senso. Le piaceva invitare gli amici a cena, ma poi ha cominciato a farlo sempre più di rado fino a smettere, perché quelle serate finivano per rovinarle completamente la giornata successiva. Gli ospiti si trattenevano troppo a lungo, ma l'indomani lei si alzava alla stessa ora di sempre, sentendosi stanca e priva di slancio. Se cercava di dormire di più sballava il bioritmo e la circolazione, pertanto si sentiva comunque apatica e inattiva. Lo stesso accadeva quando era lei a essere invitata fuori. Per non avere questi "effetti indesiderati" aveva cominciato a evitare sempre più gli amici, ma presto si era sentita sola. Si era quindi ritrovata in un dilemma.
Da quando ha iniziato a fare presente in modo aperto e schietto i suoi limiti e a farli rispettare, ha riacquistato il suo equilibrio psichico. Quando riceve un invito, chiede se è benaccetta anche se tornerà a casa prima degli altri. Quando arriva, ricorda brevemente al padrone di casa che a una certa ora se ne andrà senza bisogno di richiamare troppa attenzione, in modo da non rovinare l'atmosfera generale. Anche quando è lei a invitare gli amici si regola in questo modo: comunica fin da subito l'ora in cui dovrà finire la festa e quando è il momento fa partire un CD con una canzone tradizionale di commiato. Gli ospiti si divertono sempre a cercare di indovinare quale vecchio disco riuscirà a scovare di volta in volta: "È l'ora dell'addio, fratelli, è l'ora di partir...". Alcuni degli amici, poi, proseguono la serata al bar. Anche questo è diventato ormai una tradizione.

Felix ha difficoltà a stare seduto per molto tempo, per cui le riunioni familiari in occasione di battesimi e matrimoni lo mettono davvero alla prova. Sente un forte impulso a muoversi e, dopo essere rimasto fermo a lungo ha bisogno di due ore di moto. In occasione dell'ultima festa non aveva osato farlo subito presente, ma con il passare del tempo si era sempre più agitato e aveva cominciato a guastare l'atmosfera lanciando frecciatine a destra e a manca. Quando finalmente si era fatto coraggio e aveva annunciato che si alzava per fare una passeggiata, due cugine gli avevano rivolto uno sguardo pieno di gratitudine e si erano unite a lui. Avevano così avuto finalmente l'occasione di conoscersi meglio e trascorso una mezz'oretta di ottimo umore. Una volta rientrati, hanno scoperto che altri tre lontani parenti si sarebbero volentieri aggregati a loro.

Chi, come Greta, provvede a se stesso e rispetta i propri limiti, ne ricava plurimi vantaggi: Greta non è più costretta a tirarsi indietro, ma può mantenere i suoi contatti e addirittura ampliarli. Non vive più la compagnia degli altri solo da "consumatrice passiva", ma si è resa conto che per lei, per chi le è di fronte e per le relazioni in genere è vantaggioso favorire attivamente il contatto. Ora le riesce anche più semplice rivolgere la parola agli altri o prendere l'iniziativa. Amici e conoscenti non la considerano più unicamente una persona schiva e sfuggente, ma possono apprezzarne ogni lato della personalità. Questo le permette di apparire non solo più interessante, ma anche più attraente agli occhi del prossimo. "Mi hai già parlato tre volte delle serate a casa di Greta. Vuoi presentarmela, una buona volta?" Inoltre, dimostrando che è possibile provvedere ai propri bisogni in modo disinvolto, naturale, ma sempre gentile, permette agli altri di fare lo stesso.

Anche Felix ha finalmente abbandonato l'abitudine di adeguarsi a quella che credeva una convenzione. Nessuno, peraltro, si era mai aspettato da lui che rimanesse seduto a tavola dall'antipasto al taglio della torta. Lo aveva dato lui per scontato senza chiederne conferma. Decidendo finalmente di rispettare i propri limiti e di farli rispettare alle persone intorno a lui, ha permesso a queste ultime di farsi conoscere meglio. Le cugine ora non sono più solo le figlie di zio Hermann e zia Ilse. Le riunioni familiari all'improvviso non appaiono più così terribili. Ora Felix le attende con gioia.

Messaggi inconsci

Siamo costantemente in comunicazione con il prossimo, anche quando non diciamo niente. La nostra mimica, la gestualità e il linguaggio del corpo parlano abbastanza chiaro. E a volte trasmettiamo un messaggio diverso da quello che in realtà vorremmo. Spesso non siamo consapevoli di quanto esprimiamo. Forse seguiamo semplicemente un'abitudine acquisita da tempo. Molte volte non disponiamo di un repertorio sufficiente. In genere nessuno ci ha spiegato come utilizzare in modo consapevole mimica, gestualità e linguaggio del corpo, pertanto ci mancano i "vocaboli di base" della comunicazione non verbale. Magari vorremmo segnalare un limite, ma il linguaggio del corpo rimane muto. Oppure – peggio ancora – ignora il nostro avviso: "Attenzione: limite!". Può addirittura stravolgere il significato delle nostre parole, trasmettendo un messaggio opposto al nostro "Fin qui, ma non oltre!". In quei casi contraddiciamo noi stessi e trasmettiamo messaggi ambigui.

La ricerca scientifica ha dimostrato che i nostri messaggi non verbali producono nell'interlocutore un effetto molto più intenso rispetto a quelli verbali. I messaggi muti eppure tanto eloquenti della nostra postura, mimica e gestualità, che trasmettiamo in genere senza registrarli noi per primi, a volte finiscono per coprire ciò che forse osiamo comunicare per la prima volta.

Difendere se stessi e i propri limiti: la postura

Spesso nelle situazioni in cui desiderate segnalare a un interlocutore che si sta avvicinando troppo, è sufficiente modificare la postura. Se siete seduti con la schiena appoggiata allo schienale, per esempio, potete raddrizzarvi. Anche un buon contatto con il terreno produce un effetto. Se avete accavallato le gambe in atteggiamento rilassato, dovreste appoggiare i piedi paralleli tra loro. In tal modo sarete meglio radicati a terra. Se siete in piedi, basta il passaggio da una posizione piuttosto rilassata a una ben dritta, con il peso ripartito uniformemente su entrambi i piedi.

Un tempo, trovandomi di fronte la classica persona logorroica, cercavo di apparirle il più possibile stravolto da quel fiume ininterrotto di parole, nella speranza di suscitare pietà e spingerla a frenarsi. In realtà questo mio atteggiamento veniva frainteso: l'altro proseguiva senza fermarsi e io ero costretto ad ascoltare ancora. Ripensandomi oggi in quelle situazioni mi vedo come una persona totalmente incapace di opporre la minima resistenza. Roma, città aperta!

L'errore principale da parte mia era permettere che si arrivasse a quel punto. Avevo inviato i segnali sbagliati, e quello era il risultato. Avevo adottato una postura del corpo aperta, che equivale a un invito: prego, fatti avanti! Chi vuole creare una certa distanza tra sé e l'altro, o non intende avere alcun contatto con esso, dovrebbe segnalarlo attraverso la postura, in modo da evitare equivoci. Una postura "aperta" prevede, per esempio, tenere le braccia rilasciate, quasi a indicare la disponibilità a un abbraccio. Nella postura "chiusa", invece, bisognerebbe tenerle conserte davanti al petto, lasciando intendere, anche senza parole, che più di tanto non ci si avvicina.

Posture invitanti: aperte, rilassate
Posture che creano distanza: chiuse, dritte, sul chi va là, leggermente tese

I vostri gesti parlano da soli

Quanto abbiamo detto riguardo la postura vale anche per la gestualità: chi desidera stabilire una certa distanza con il prossimo dovrebbe tenere braccia e gambe chiuse e ben vicine al corpo. I gesti possono rendere il messaggio ancora più chiaro: basta effettuare con la mano un movimento che lascia intuire un limite, una linea di confine.

Per farlo alzate brevemente la mano tra voi e l'interlocutore, con il dorso rivolto a lui. Per dare maggior significato al gesto potete spostarla quasi a tracciare una linea di delimitazione. Se volete risultare ancora più diretti, fate con la mano un segno di stop rivolto all'altro, tenendo il palmo aperto verso di lui. Anche in questo caso è possibile aumentare l'intensità del gesto tenendo non solo la mano davanti a sé, ma spingendo il palmo leggermente in direzione dell'interlocutore, come per allontanarlo.

Prima di utilizzare questi gesti nella pratica, vi raccomando di provarli davanti allo specchio in modo da vederne l'effetto, perché è molto facile esagerare. Stabilire i propri confini è una cosa diversa dal dimostrarsi maleducati nei confronti del prossimo.

ESERCIZIO: IL "GESTO DELLA MERKEL" E ALTRI GESTI ENERGETICI DELLE MANI

Chi segue il telegiornale avrà notato che Angela Merkel fa spesso un gesto particolare con le mani. Unisce le punte delle dita di entrambe le mani con i pollici rivolti verso l'alto e le altre dita verso il basso, tenendo le mani davanti a sé all'altezza del bacino. Provate anche voi questo gesto e osservate che sensazione vi trasmette.

Potete intensificarne l'effetto sedendovi a un tavolo o su una poltrona, appoggiando i gomiti e rivolgendo le punte delle dita verso l'alto. Cosa vi trasmette questo gesto? E quale effetto pensate che produrrebbe sulla persona davanti a voi? Mi raccomando, evitate di far aderire i palmi l'uno all'altro come nel quadro *Mani in preghiera* di Albrecht Dürer. L'effetto prodotto sarebbe diverso.

Mettere a contatto i pollici e le punte delle altre dita aiuta essenzialmente a concentrarsi sulla propria persona, rappresenta un raccoglimento in sé a livello energetico. Il mondo là fuori

passa in secondo piano. Unendo le punte delle dita modifichiamo un poco il nostro flusso energetico. Rilasciamo da esse meno energia e anche noi ne assorbiamo di meno. In un certo senso entriamo in un circolo energetico chiuso su noi stessi – simile a quello del climatizzatore in auto quando attraversiamo un tunnel: non scambiamo più aria con l'esterno, ma lasciamo che circoli solo quella già presente all'interno dell'abitacolo.
Tenere le mani a contatto davanti al corpo crea inoltre una barriera che comunica a voi e all'altro che difendete la vostra posizione. Il gesto della Merkel funge in parte come autorassicurazione, in parte come una lieve presa di distanza. Se appoggiate i gomiti e puntate le dita verso l'alto, innalzate la barriera e adottate anche un atteggiamento dominante. Provate a immaginarvi di avere chiesto un aumento di stipendio. Il capo vi ha convocati e vi attende nel suo ufficio in questo atteggiamento. Domanda: di quanto pensate che aumenterà la vostra paga?
Il fatto che il vostro superiore prenda le distanze da voi e si trinceri dietro questo gesto appare evidente. Voi, però, in quanto dipendente, non potreste fare la stessa cosa con lui senza dare l'impressione di voler sfidare le gerarchie e, magari, rendervi anche ridicoli. Forse, però, un'eccezione ci sarebbe: se aveste appena vinto al Superenalotto... Dovreste davvero trovarvi in una posizione di superiorità per adottare questo atteggiamento!
Inoltre, per evitare di scatenare inconsapevolmente l'aggressività di chi avete di fronte, limitatevi a dirigere le punte delle dita solo verso il basso o verso l'alto, ma mai verso l'altra persona. Le dita fungono da frecce energetiche, che potrebbero portare l'interlocutore a sentirsi attaccato. A quel punto, senza volerlo, avreste un nuovo fronte sul quale farvi valere, o forse avreste acutizzato un conflitto già esistente.

La mimica: efficace non solo nel cinema muto

Io stesso ho tentato molte volte di prendere le distanze dall'altro accompagnando le parole con un sorriso cordiale, che in certi casi tradiva anche una certa insicurezza e un certo disagio da parte mia. Sovente vivevo un conflitto interiore. Da una parte provavo il desiderio di piacere al prossimo, temevo di sentirmi rifiutato, di perdere le persone intorno a me; dall'altra avvertivo il bisogno di stabilire tra me e gli altri una certa distanza. A chi ci è di fronte possiamo trasmettere anche questo conflitto interiore e l'incapacità di decidersi.

Se fate presente agli altri quali sono i vostri confini con il sorriso sulle labbra, nel novanta per cento dei casi trasmettete un messaggio contraddittorio. Il sorriso può creare vicinanza, può essere interpretato dall'altro come un invito a farsi ancora un po' avanti. Le vostre parole, però, dicono il contrario. Se l'espressione facciale viene avvertita in modo più intenso rispetto al messaggio verbale, è evidente che tentare di delimitarsi in questo modo non porterà al risultato sperato.

Alcune persone, soprattutto donne, non riescono a evitare di sorridere o di rivolgere continuamente uno sguardo cordiale all'altra persona. Nelle situazioni in cui volete stabilire dei limiti, l'espressione facciale più adatta è quella neutra. Se non fa ancora parte del vostro repertorio, dovreste esercitarvi in modo da averla a disposizione. Le occasioni per farlo si presentano continuamente: provate per esempio a sorridere la metà di quanto siete soliti fare la prossima volta che siete in panetteria. Probabilmente la commessa saprà apprezzare la vostra sobrietà. Sorridere è fantastico. Diventa ancora più prezioso se non sprechiamo i sorrisi adottando sempre la stessa intensità, ma li dosiamo in maniera più accurata. Un sorriso diventa anche più prezioso quando lo sappiamo modulare in base alle varie occasioni. Allora cambia anche un po' nella sua qualità, non è più sempre uguale a se stesso, fisso come quello di una maschera.

Ci sono modi diversi di sorridere. C'è il sorriso servile e ossequioso, il sorriso di difesa con il quale ci si chiude in se stessi, il sorriso meccanico, quello cordiale, quello gioioso, quello di chi è sicuro di sé e che permette persino di farsi avanti...

Provate davanti allo specchio a passare da un sorriso amichevole a uno neutro, fino ad assumere un'espressione seria. Potete pensare a qualcosa di piacevole senza sorridere e lasciare che siano il viso e lo sguardo a farlo. Forse qualcuno di voi ci riuscirà per la prima volta dopo tanto tempo, perché finora si è sempre limitato a storcere la bocca. Ora lasciate che la vostra espressione si faccia un po' più neutra, senza apparire subito fredda... Ci sono così tante possibilità per segnalare al prossimo un limite e contemporaneamente fargli presente che rimanete ben disposto nei suoi confronti!

Definire i propri confini dimostrandosi attenti e presenti è una possibilità; un'altra è adottare un'espressione cordiale senza comunque sorridere. In ogni caso, ricordate sempre di modificare l'espressione del viso, quando volete definire le distanze. Sottolineerete così che fate sul serio. Inoltre avvertirete l'effetto anche su di voi, perché la mimica modifica anche l'atteggiamento interiore e lo stato emotivo: all'improvviso diventerete più neutri e obiettivi riguardo alla questione dei limiti e, in tal modo, vi sentirete anche meno vulnerabili.

Il vostro interlocutore avverte solo il vuoto da voi lasciato?

Molto spesso le persone che hanno problemi a definire le distanze si lasciano sopraffare dagli individui particolarmente loquaci. Questi raccontano per filo e per segno tutto quello che li riguarda, senza porsi il problema che all'altra persona magari non interessi affatto. Forse la vostra generosità innata vi porta a dedicare a persone del genere spazio e tempo prezioso, che loro accettano di buon grado e con gioia. Se non è il vostro caso, ben presto vi sentirete violati da questo tipo di interlocutori. Ecco una tipica situazione nella quale potete imparare a stabilire i vostri limiti. Se avrete modo di fare questo tipo di esperimento, potrete ricavarci qualcosa di utile. Che i chiacchieroni siano quindi i benvenuti!

Forse ora ribadirete che non siete per niente interessati a persone di questo tipo. Tanto meglio! Sono quelli i soggetti ideali con i quali allenarsi a delimitare se stessi, perché con loro non dovete temere di sentirvi rifiutati o non più apprezzati.

La prima domanda, in ogni caso, riguarda una questione differente: com'è che l'altra persona riesce a prendersi così tanto spazio? In diverse occasioni ho scoperto che la persona che "subisce" la conversazione lascia uno spazio vuoto nel quale l'altra riversa tutto il suo fervore dialettico. Chi racconta pochissimo di sé o non osa intavolare argomenti che lo interessano, lascia all'altro tutto lo spazio per i suoi racconti. Se prendete la parola subito dopo il saluto per parlare di quello che vi interessa, stabilite la direzione della conversazione fin dall'inizio. O si arriva a un effettivo scambio di idee, o l'altro abbandonerà ben presto il campo. In entrambi i casi ne trarrete vantaggio! Chi si dimostra attivo nella comunicazione esercita anche una forza di attrazione diversa.

E se non volete raccontare così tanto di voi all'altro, potrebbe essere un indizio del fatto che è giunto il momento di mostrare più spirito di iniziativa: rivolgetevi alle persone con le quali conversare vi risulta più gradito.

ESERCIZIO: DELIMITARSI A LIVELLO VERBALE PER ARRIVARE AL PUNTO

Per limitare e ridurre la loquacità di un interlocutore, interrompetene il flusso di parole e riassumete in pochi punti essenziali tutto quello che vi ha detto. "Quindi non ti senti più capita da tuo marito e vorresti lasciarlo", "Quindi sul lavoro non ti senti apprezzato e sei sempre meno motivato". Molto spesso argomenti di questo tipo vengono infarciti di dettagli sempre nuovi che servono solo a prolungare la conversazione per ore. Il dialogo prevede un'alternanza delle parti. Spesso chi si scarica con questi discorsi infiniti non lo fa per trovare una soluzione al problema, ma per sentirsi confermare dall'altro quanto disperata sia la sua situazione. E a volte la funzione di "secchio per la spazzatura psicologica" che, a quanto pare, vogliono attribuirci, consiste nello stabilizzare la situazione in modo che l'altro non debba farsi carico delle proprie responsabilità.

Il mio consiglio, pertanto, è il seguente: esprimete brevemente all'altro la vostra comprensione e dimostrategli empatia. Poi ponetegli una domanda drastica: "Ma non ti sei già lamentato più volte di questa situazione? Non sarebbe ora di rivolgersi a uno specialista per avere un aiuto da parte di chi se ne intende?". Oppure limitatevi a constatare: "Sinceramente, in quanto amica sia tua sia di tuo marito, non credo proprio di essere la persona più giusta a cui raccontare queste cose".

Per evitare di prolungare all'infinito una conversazione nella quale si assumono posizioni opposte, è importante di tanto in tanto anche sorvolare su quanto l'altro afferma. Non reagite quindi a ogni provocazione, se avete l'impressione che quel conflitto non porti a niente. Anche in questo caso è utile riassumere brevemente entrambe le posizioni e accettarle per quello che sono: "Lei ritiene quindi che... Io penso invece che... È chiaro che abbiamo punti di vista del tutto differenti". Una volta giunti a quel punto è importante che passiate ad altro: assumete una postura diversa, riprendete l'attività che avevate interrotto o intavolate un altro discorso.

Affermazioni chiare per negare e prendere le distanze

Anche se i segnali non verbali producono a livello comunicativo un effetto più intenso di quanto espresso in parole, non per questo dovete trascurare il vostro messaggio verbale. Le occasioni nelle quali è necessario prendere le distanze sono numerose: dalle proposte di vendita per telefono al figlio che vuole un aumento della paghetta, all'invito a fare due chiacchiere da parte di una persona particolarmente noiosa. È bene essere preparati di fronte a queste sfide. Cosa ne dite di risposte decise del tipo: "Per principio non acquisto niente per telefono"? Mantenetevi gentili: a voi risulterà più facile, e all'operatore del call-center, che probabilmente vorrebbe tanto trovare un lavoro migliore, meno difficile da accettare.

Tentando di delimitarsi a livello verbale, molti di noi adottano un piano razionale. Attenzione: equivale a muoversi su una lastra di ghiaccio! Il signore gentile che cerca di rifilarvi un'assicurazione sulla vita è preparato al meglio a farlo, conosce tutte le motivazioni possibili e ha già pronte anche le eventuali controargomentazioni. Non dipende da chi adduce i motivi più validi. È esclusivamente una questione di difesa dei vostri confini, del vostro territorio, del vostro denaro e anche del vostro tempo. Per farlo non vi serve motivazione o giustificazione alcuna.

E ricordate di essere sempre sinceri. Non perché tutti coloro che puntano, per esempio, ai vostri soldi si meritino onestà da parte vostra, ma perché anche la minima bugia indebolisce a livello energetico. Questo vi ostacola nel mantenere le distanze. Comportarsi in modo poco sincero porta molte persone di indole onesta a sentirsi la coscienza sporca. Può quindi accadere che alla fine una piccola bugia di emergenza abbia un costo troppo alto perché siete tentati di riparare alla situazione. A quel punto il rischio di cedere aumenta ulteriormente. A calare, inoltre, è spesso anche l'umore, perché il fatto di vedersi costretti a ricorrere a trucchetti così miseri non è certo un'iniezione di autostima.

Quando Marianne rientra stanca dal lavoro, trova sulla porta di casa la figlia Melanie, dodici anni, che deve chiederle immediatamente un permesso. Vuole invitare due amiche a dormire da lei nel fine settimana. Considerato lo stress cui è sottoposta, Marianne sa che le peserebbe parecchio. Sa già cosa la aspetta: sistemare la casa, cucinare per tutti, preparare i letti... Senza contare l'inevitabile chiacchiericcio fino a notte inoltrata che non le permetterebbe di riposarsi bene nemmeno nel weekend. Marianne si sente sotto pressione e non vuole essere costretta a decidere subito, anche considerato il fatto che i genitori delle altre due ragazzine sono soliti invitare spesso da loro Melanie. Per cavarsi dall'impaccio risponde alla figlia che non è possibile, perché verrà la nonna in visita. Melanie è felice all'idea di rivederla e risponde che non è un problema: le sue amiche possono venire anche il weekend successivo! Posticipare non significa annullare, dopo tutto!

Marianne si sente avvampare. Se solo fosse stata zitta! Proprio lei, che ha sempre insegnato alla figlia che la sincerità viene prima di tutto e che non le perdona la minima bugia, improvvisamente ha mentito per prima! E per di più in modo così sciocco! È ovvio che Melanie potrebbe telefonare alla nonna in qualsiasi momento. E poi alla nonna stessa potrebbe venire l'idea di arrivare! No, no, deve per forza chiamarla lei la sera stessa e spiegarle tutto. Magari sarà costretta a invitarla per un'altra volta. Questo le permetterebbe di avere il fine settimana a disposizione per riposarsi. In quello successivo farebbe venire la madre e in quell'altro ancora le amiche di Melanie. Marianne si ritira in camera sua, manda giù una compressa contro l'emicrania, prepara per sicurezza il secchio accanto al letto, nel caso si sentisse male, e tira le tende.

Le bugie d'emergenza a volte hanno le gambe corte e non servono a molto. Marianne è riuscita solo a ottenere una proroga, ma le amiche di Melanie arriveranno lo stesso, oltre tutto proprio nel periodo di lavoro più intenso. Senza contare che dovrà anche affrontare la visita della madre. La cosa peggiore di tutte, in ogni caso, è stata non solo sentirsi estremamente vile, ma aver tradito i valori in cui crede. Non riusciva più a sopportarsi! In realtà, come ebbe poi modo di comprendere, sarebbe stato tutto estremamente semplice: sarebbe bastato ascoltare la richiesta di Melanie e poi, con calma, darle una risposta. Avrebbe dovuto concedersi tempo per valutare le proprie esigenze e considerare fino a che punto avrebbe potuto e voluto soddisfare il desiderio della figlia. In alcune situazioni è sufficiente ripetere la richiesta esternata dall'altra persona: "Melanie, tu vorresti quindi...", in modo da prendere tempo e capire cosa si intende rispondere. Questo, inoltre, serve a segnalare all'altro che è stato ascoltato e capito.

Quando già stiamo vivendo una situazione di stress, qualsiasi minima proposta o richiesta da parte del prossimo ci mette ancora più sotto pressione, anche senza reale intenzione da parte sua.

Collegata a questo discorso è anche la giustificazione. Non appena vi giustificate per aver deciso di difendere la vostra posizione, al contrario la indebolite e vi mettete da soli con le spalle al muro. Il passo successivo è scusarsi. Evitate di arrivare a questo punto.

Prestate ascolto alle motivazioni del figlio che vi chiede di aumentargli la paghetta o di poter restare più a lungo fuori la sera. Non contradditelo subito ribadendo le vostre ragioni: nelle famiglie si tende a discutere troppo e a parlare troppo poco. Dimostrategli comprensione. Prendetevi tempo per decidere – non troppo, né troppo poco, sia per voi sia per chi deve aspettare. Marianne, per esempio, avrebbe potuto reagire così alle richieste della figlia: "Ho ascoltato le tue ragioni. Ora rifletterò con calma su cosa è possibile fare".

Se vi si punta la pistola alla tempia cercando di mettervi sotto pressione, reagite con il piano di emergenza e decidete in modo "conservativo". Così facendo, vi proteggerete nel modo più efficace da questo tipo di atteggiamenti. Se vi sentite assaliti e colti alla sprovvista, non correte rischi e rispondete no. In alternativa, chiedete tempo per prendere la giusta decisione.

Esercizio: la tecnica del "ti richiamo io dopo": difendere i propri confini al telefono

Il telefono offre alle persone invadenti numerose opportunità per infierire sul prossimo. Per fortuna le segreterie telefoniche e/o la visualizzazione del numero chiamante fungono da "barriera", nel senso che, permettendo alla persona chiamata di riconoscere il numero o la voce dall'altra parte, le danno la possibilità di decidere se rispondere o meno. Quando alzate subito il ricevitore o non avete inserito la segreteria telefonica, per evitare di dover sopportare una telefonata indesiderata potete ricorrere a un efficace stratagemma: dire subito all'altro che lo richiamerete più tardi.

Una telefonata che ci coglie di sorpresa può facilmente metterci in balìa di amici o amiche bisognosi di sfogarsi e riversare su di noi ogni loro problema e dispiacere senza alcuna remora. Si tratta di un semplice metodo utilizzato per allentare la pressione, ma che non apporta alcun cambiamento effettivo alla

situazione. La vittima, quindi, non offre alcun aiuto concreto. A volte è addirittura il caso di parlare di abuso!
Se, come consigliato, richiamate voi più tardi la persona in questione, la cogliete in una situazione differente. Magari sta pensando a tutt'altro, oppure si è già trovata un'altra vittima per l'immediato bisogno di sfogo. In genere, quindi, nel corso di questa telefonata ci viene risparmiata gran parte delle lamentele previste in origine.
Ma c'è anche un altro vantaggio: procedendo in questo modo non ci sentiamo più vittime e possiamo agire consapevolmente mentre andiamo avanti nella conversazione. Per esempio, possiamo fare presente all'altro di disporre solo di un tempo limitato: "Posso restare al telefono ancora dieci minuti, poi inizia il film che voglio vedere!".

Esercizio: il trucco del cerchio di cartone

Una telefonata inaspettata può cogliere di sorpresa come un fulmine a ciel sereno. Ad aggravare la situazione, inoltre, si aggiunge spesso da parte di chi chiama una richiesta che obbliga il ricevente a prendere una decisione immediata. La domanda può apparire del tutto innocente, del tipo: "Hai dei programmi per martedì prossimo?". Noi eravamo concentrati su tutt'altro e ora, all'improvviso, ne veniamo distolti. Per certi versi non siamo del tutto presenti a noi stessi. In una situazione di questo tipo il rischio di calpestare i propri desideri e superare i propri limiti è alquanto elevato. Le decisioni affrettate che ci capita di prendere in simili frangenti le rimpiangiamo davvero a lungo, più avanti. Dobbiamo trovare il coraggio di prendere tempo. Dobbiamo ricordare che qualsiasi decisione richiede presenza e consapevolezza.
Se utilizzate ancora un telefono dotato di filo, potrebbe esservi di aiuto un cerchio di cartone da appendere intorno a esso, tra l'apparecchio e il ricevitore. Vi servirà a ricordare che, se nessuno sta annegando e non ci sono altre situazioni di emergenza in corso, non siete obbligati a rispondere sì alle richieste

che vi vengono fatte, né a seguire subito l'impulso di fare promesse. Chi accetta lasciandosi trasportare dall'impulso spesso poi è scontento della decisione presa, poiché si rende conto di non aver rispettato i propri limiti e, magari, nemmeno quelli degli altri. Il cerchio di cartone vi aiuterà a ricordare che nella maggior parte dei casi c'è tempo sufficiente per riflettere con calma su una proposta, un'offerta, una richiesta o un proprio impulso, e riuscire così a prendere una decisione ponderata.
Il cerchio di cartone probabilmente risulterà un po' fastidioso, ma proprio per questo si rivelerà efficace. Vi deve ricordare che non è il caso di identificarsi con la persona all'altro capo del filo solo perché si sta conversando con lei. Il vostro compito non è essere l'altro, ma voi stessi. Il cartoncino, inoltre, può assumere il significato simbolico di filtro: lasciate passare solo quanto vi appare gradevole, o almeno accettabile. Non siete obbligati né ad adottare il punto di vista dell'altro, né il suo stato d'animo, né il suo mal di pancia. Il filtro tratterrà inoltre eventuali pretese, attacchi, frecciatine e malignità da parte dell'interlocutore, mentre lascerà passare tutte le informazioni, le osservazioni gentili e i buoni propositi.
Mentre telefonate, rivolgete spesso lo sguardo al cerchio di cartone. Prendetelo in mano di tanto in tanto, giocateci e ricordate cosa rappresenta. Vi ricorderà quanto vi siete proposti di fare, perché l'oggetto, di per sé, non ha alcun potere: saranno solo la chiarezza interiore e la decisione da parte vostra a produrre un risultato.
E se invece usate un cordless? In tal caso funziona anche un adesivo. Anche sul più minuscolo dei cellulari c'è sempre un posticino libero. Eventualmente, sfruttate il logo del marchio e coprite quello. Può andare bene un bel punto rosso, perfetto per agire sulla memoria, ma anche uno di quei piccoli cerchietti adesivi per rafforzare i buchi dei fogli nei quaderni ad anelli. L'importante è che colleghiate sempre al simbolo il relativo significato: fermarsi a riflettere e concedersi, d'ora in avanti, il tempo necessario prima di dare una risposta.

ESERCIZIO: ESSERE PRESENTI A SE STESSI, ANCHE NEL CONTATTO CON L'ALTRO

Riflettete su come vi sentivate prima della telefonata e su come vi sentite ora che si è conclusa. Se stavate meglio prima significa che, probabilmente, a un certo punto della conversazione un vostro limite è stato superato. All'inizio, magari, entrare in contatto con quella persona vi aveva fatto persino piacere. Nel corso della telefonata probabilmente il vostro interesse è andato aumentando e voi vi sentivate bene, finché avete abbandonato quella zona di benessere antistante il vostro limite. Proprio lì si trovava il confine del vostro territorio, del vostro campo d'azione, e quel confine è stato superato.
Com'è facile perdere il contatto con sé mentre si interagisce con l'altro! Può accadere persino durante una telefonata. Per mantenersi presenti a se stessi può essere d'aiuto tenere una mano sulla pancia, sentire il proprio respiro (che, così facendo, in genere si fa più profondo) e anche i piedi, magari muovendoli un poco all'interno delle scarpe.
Si tratta di mantenere il contatto con se stessi percependo il corpo e le sensazioni del momento. Questo vi permette anche di visualizzare i vostri limiti. Mentre siete in contatto con l'altro condividete con lui la vostra percezione. All'inizio non è affatto semplice. Un altro piccolo aiuto consiste nell'alternare la percezione di sé e quella dell'altra persona. Anche questo permette di non dimenticare se stessi.

ATTENZIONE. *Questo esercizio, apparentemente semplicissimo e immediato, rappresenta una vera e propria sfida per le persone che hanno difficoltà a difendere il proprio spazio! Anche nello svolgere questo esperimento, quindi, tenete sempre ben presenti i vostri limiti e non chiedete troppo a voi stessi!*

Beatrice convive già da tre anni con Thomas. A lui piace molto trascorrere fuori le serate. Beatrice non vuole rovinargli il piacere di partecipare a feste e di stare fino a tardi in compagnia degli amici, pur sapendo che, così facendo, il giorno dopo non si sentirà affatto in forma. Fondamentalmente,

però, non vuole deludere Thomas, quindi si fa forza, si tiene sveglia bevendo caffè e cerca di concentrarsi sul lavoro. Con il passare del tempo, però, questo le diventa sempre più difficile. A volte la sera non riesce proprio a nascondere il mal di testa e la stanchezza, allora Thomas la accompagna a casa consapevole che la serata è finita. Beatrice si sta trasformando sempre di più in una guastafeste, e questo la spinge a sforzarsi sempre più di fare quello che non riesce a fare.
Un giorno un'amica le suggerisce caldamente di decidersi finalmente a rispettare i suoi limiti, anche a costo di rischiare di perdere Thomas. Il consiglio funziona. Beatrice si abitua a prestare più ascolto al suo corpo, che le suggerisce esattamente quando è ora di staccare. Quando sa che è arrivato il momento, chiama un taxi e si fa portare a casa. Thomas può restare dov'è e continuare a divertirsi. Nonostante i suoi timori, Beatrice non lo ha perso affatto: parlando apertamente con lui dei loro differenti bisogni e desideri, Thomas si è detto dispiaciuto nel constatare che non le piace così tanto fare tardi come a lui, perché sarebbe più felice ad averla con sé. D'altro canto capisce che non è di nessuna utilità che lei si sforzi di rimanere solo per fargli piacere. Dopo quel dialogo avviene un cambiamento. Da quando Beatrice rispetta i suoi limiti, con il tempo questi hanno cominciato ad ampliarsi da soli. Sia a livello fisico sia psicologico sta di nuovo bene e, ormai, di tanto in tanto riesce anche a stare fuori un po' più a lungo, quando ne ha voglia, senza poi doversene pentire.

Ostacoli sulla strada del cambiamento

Specialmente quando si tratta di stabilire confini a livello comunicativo può capitare di imbattersi in ostacoli. Forse avete già sperimentato qualcuno dei metodi presentati, ma per il momento riscontrate gli stessi risultati di prima. Tutto sembra procedere come sempre. In questo caso ci si chiede, naturalmente, se i cambiamenti adottati nella comunicazione siano effettivamente serviti a qualcosa.

Il problema risiede spesso nella percezione stessa, che è senza preconcetti solo nelle situazioni nuove e negli incontri mai avvenuti prima. In queste occasioni, sia noi sia chi ci è di fronte abbiamo davvero la possibilità di percepire ciò che c'è da percepire. Se, al contrario, la situazione dell'incontro è già nota, se ci siamo già visti e abbiamo già parlato più volte l'uno con l'altro, la percezione ricorre a una sorta di "pilota automatico": in pratica il cervello ci ripropone le vecchie registrazioni della comunicazione già avvenuta. A sua volta il nostro interlocutore vede e sperimenta ciò che è abituato a percepire. I segnali modificati vengono semplicemente ignorati. Quelli mancanti, che non inviamo più (per esempio una postura del corpo invitante) vengono integrati; quelli nuovi (per esempio un gesto che rimanda a un limite) non ricevono attenzione.

In un mondo così complesso e ricco di stimoli come il nostro questo meccanismo ci aiuta a elaborare tali e tanti stimoli e a orientarci. Alla persona con la quale desiderate stabilire un nuovo modo di comunicazione non potete rimproverare di non prestarvi sufficiente attenzione, ma solo di rievocare la vecchia immagine di voi che si è fatta nel corso del tempo.

Dovete quindi avere pazienza. Se poi i vostri nuovi segnali non arrivano proprio all'altro, potete rimediare parlandogli apertamente dei cambiamenti che state cercando di attuare. Non si tratterà di "fare quattro chiacchiere" né di accusare qualcuno, bensì di riepilogare quello che state facendo e cosa vi sforzate di ottenere. In molti casi solo così si riesce a guadagnare visibilità agli occhi dell'altro e a fargli presente in modo chiaro quelli che sono i nuovi limiti da rispettare. "Sai, negli ultimi tempi ho dovuto sopportare un po' troppo. Forse ti sei accorto che recentemente ho avuto reazioni eccessive. D'ora in avanti intendo prestare più attenzione ai miei limiti, anche per evitare che non accada di nuovo..." Forse all'altro un discorso del genere suonerà del tutto nuovo, oppure si rispecchierà nella stessa situazione e appoggerà la vostra decisione. Forse faticherà a comprendere le vostre intenzioni, pur essendo disposto a rispettarle. In ogni caso, avrete la piacevole sensazione di avere fatto la cosa giusta e chiarito la vostra posizione. Vi siete presentati come un individuo con limiti e confini ben precisi. Ora sarà più facile recepire e rispettare i vostri segnali.

Il fatto che i vostri cambiamenti vengano ignorati non è l'unico ostacolo sulla strada per difendere meglio il vostro spazio. È ovvio che qualsiasi tipo di cambiamento risulti dapprima un po' scomodo. Capiterà, magari, anche con quelle stesse persone che per prime vi hanno consigliato di porre dei limiti ben precisi. Ogni cambiamento richiede attenzione, da parte di chi lo intraprende e da parte di tutti coloro che ne sono in qualche modo interessati. Si rompono gli antichi schemi ormai rodati e si mettono in dubbio gli automatismi acquisiti. I vecchi bonus e assegni in bianco tutto a un tratto non vengono più riscossi... Nei successivi capitoli troverete ulteriori informazioni su altri problemi che si pongono nel fissare i nostri confini e sul modo per riuscire a risolverli.

Delimitazione a livello energetico

Possiamo tracciare i nostri confini non solo a livello mentale e comunicativo, ma anche all'interno del nostro sistema energetico. Mi riferisco al modello di energia vitale tramandato dalla tradizione indiana, con i suoi chakra, i meridiani e il campo energetico dell'aura. Per la nostra mentalità occidentale questa immagine di energia vitale non risulta così familiare e accettabile. Si tratta infatti di un'energia non misurabile né dimostrabile scientificamente, eppure miliardi di individui ne sperimentano i benefici. Senza questa concezione di fondo non si spiegherebbero gli incredibili effetti di metodi curativi come agopuntura, agopressione e altri. E anche le arti marziali dell'Asia orientale, che insegnano proprio a dirigere l'energia vitale, verrebbero private della loro efficacia. Ma non c'è bisogno di guardare così lontano. Tutti noi conosciamo la sensazione che si prova entrando in una stanza in cui l'atmosfera è intrisa di aggressività repressa!

In ambito energetico è a livello di aura e di centri di energia che in genere si stabiliscono i limiti in modo involontario.

Prima di tutto molti non sono centrati su se stessi

Molte persone che adottano metodi per delimitarsi a livello energetico si chiedono perché questi non funzionino sempre nella maniera sperata. Anche in questo caso il motivo risiede nel fatto che manca la premessa fondamentale per la riuscita, vale a dire non si è centrati. Chi non è centrato e cerca di stabilire limiti tra sé e l'altro, in un certo senso si esclude. Trovandosi contemporaneamente all'interno e all'esterno dei propri confini, in pratica li annulla.

Essere centrati su se stessi non significa per forza prendere le distanze dal resto del mondo. Si può essere ben centrati e al contempo aperti agli altri. Cercare di far valere i propri confini senza essere centrati, tuttavia, è impossibile. Ho già indicato nei capitoli precedenti alcuni esercizi per imparare meglio a centrarsi su se stessi.

Chiarezza interiore

La maggior parte delle persone riesce in maniera del tutto involontaria e spontanea a stabilire i propri confini a livello energetico. Il sistema energetico rispecchia anche il modo in cui ci sentiamo in un determinato momento, la storia della nostra vita, il modo in cui viviamo la quotidianità e i nostri atteggiamenti nei confronti delle varie situazioni. Irradiamo continuamente anche tutto questo e, così facendo, siamo in contatto con quanto ci circonda. Di conseguenza, attiriamo particolari situazioni e persone: è come quando si suona una nota e tutto ciò che è in risonanza con essa ne viene coinvolto. Questo significa che, al pari dei nostri dubbi e incertezze, trasmettiamo agli altri anche la nostra sicurezza e determinazione.

I punti deboli di un individuo fungono sempre da magneti, che attirano da soli le persone particolarmente invadenti. Per questo motivo chiarezza e sicurezza riguardo ai propri limiti sono una premessa indispensabile. A volte anche cominciare a occuparsi seriamente della questione e chiarirli per tempo basta già a produrre un risultato. Da una parte può accadere che attiriate più persone irrispettose, che vi faranno notare l'uno o l'altro dei vostri punti deboli. Dall'altra, tuttavia, mostrarvi determinati può già servire a tenere chi di dovere a debita distanza.

Portare movimento in programmi consolidati

Sulla strada verso la chiarezza e la determinazione può apparire un ostacolo: vecchi programmi adottati nel passato, per esempio il fermo proposito di dimostrarsi sempre comprensivi e pronti ad ascoltare gli altri o di sforzarsi di aprirsi ai contatti sociali. In tal caso è necessario disinserire questi programmi prima di procedere a definire i propri limiti. Nel corso del capitolo torneremo sul tema degli ostacoli rappresentati da propositi di questo tipo (che io chiamo "le brave personcine interiori"). L'esempio di Karin che segue mostra comunque un metodo concreto di flessibilità energetica: potete esercitarvi a oscillare tra il polo dell'apertura e quello della chiusura in base a cosa vi suggerisce la situazione del momento.

Karin da bambina si era prefissa di fare sempre la brava. Quando la situazione era davvero estrema e lei non ci riusciva più, adottava l'atteggiamento diametralmente opposto e diventava "cattiva". Rompeva i contatti, offendeva tutti. Di questo si stupiva lei per prima, rimanendo sconcertata e cercando poi subito di riparare tornando a essere brava – cosa che alla fine serviva solo a farla infuriare di nuovo. Le mezze misure per lei non esistevano proprio. Il suo programma prevedeva solo o un estremo o l'altro.

I programmi sono in genere collegati a propositi o decisioni formulate con un "sempre" o un "mai". Con essi ci vincoliamo escludendo ogni altra reazione. Il programma di

Karin le permetteva di essere solo aperta e “brava” nei confronti degli altri o, in alternativa, adottare l’atteggiamento diametralmente opposto. Così facendo aveva escluso altre possibilità che le avrebbero permesso di mantenere i rapporti, per esempio riuscire a stabilire le giuste distanze con il prossimo o a farsi valere.

Lo scioglimento graduale di un blocco di questo tipo dovrebbe avere luogo anche a livello di contenuti. In questo caso si tratta di creare alternative intermedie fra un estremo e l’altro. Utile per Karin si è rivelato visualizzare situazioni nelle quali riusciva a essere “brava” in una modalità adulta e autoconsapevole. Nei confronti di alcune persone le sarebbe convenuto dimostrarsi aperta e ben disposta adottando questa nuova modalità, con altre, invece, avrebbe dovuto essere più cauta e riservata – e quindi distanziata.

Esercizio: individuare posizioni intermedie tra quelle estreme

Un aiuto efficace può fornirlo il metodo seguente, che potete provare voi stessi. Distendete una corda o un metro pieghevole in tutta la sua lunghezza. Se non ne avete uno a disposizione, immaginate una linea alle cui estremità apporrete due bigliettini, uno con la scritta “aperto”, l’altro con la scritta “distanziato”. Mettetevi accanto all’estremità che vi risulta familiare. Ipotizziamo che sia quella dell’atteggiamento aperto nei confronti del prossimo. Se volete, potete sottolineare ulteriormente la condizione in cui vi trovate con l’aiuto di gesti, per esempio formando con le mani un fiore aperto davanti a voi. A questo punto spostatevi all’estremità opposta. Anche qui potete ricorrere all’aiuto delle mani e formare un fiore chiuso.
Ponetevi in entrambe le posizioni le seguenti domande: come vi sentite fisicamente? A quali emozioni è collegato questo stato? Cosa e come pensate quando vi trovate lì? Cercate di individuare le differenze. Trascorso un certo tempo dovrete andare alla scoperta delle posizioni esistenti tra un estremo e l’altro. Spostatevi lungo la linea di circa dieci centimetri. Lì siete già un po’ meno aperti e un po’ più distanziati. Ponetevi di nuovo

le tre domande su corpo, stato emotivo e atteggiamento mentale ora che vi trovate qui. Una volta terminato, si prosegue, e così via finché avrete raggiunto l'altra estremità, vale a dire quella contraddistinta dalla scritta "chiuso" o "distanziato". A quel punto tornerete lentamente sui vostri passi.
A che punto della linea vi sentite meglio? Provate poi a immaginare una serie di situazioni e le posizioni a esse più adeguate lungo la linea. Così facendo create, smuovete e rinnovate posizioni ormai consolidate.
Anche in questo caso si tratta di un esperimento che richiede tempo e pazienza. Non fate troppo tutto in una volta. Fermatevi subito se avvertite qualche disagio o se subentra una sensazione sgradevole. Se trovate efficace questo metodo, ripetetelo di tanto in tanto. E se invece non riuscite a individuare alcuna differenza? Allora significa che il metodo non è adatto a voi. A volte anche aspettative troppo elevate impediscono di percepire effetti minimi, quasi invisibili, che ovviamente richiedono il loro tempo.

Da dove prendere l'energia?

Esistono opinioni differenti riguardo a dove trovare l'energia necessaria per definire i propri limiti. Alcuni sostengono che l'energia provenga dall'alto, dai "regni celesti", pur trattandosi di un'energia che libera e unisce al tempo stesso. È proprio quello che interessa la maggior parte delle persone non in grado di distanziarsi: sono troppo collegate al tutto e non sufficientemente radicate. L'energia per definire i propri confini può inoltre provenire anche solo dalla terra.

Un'altra ipotesi avanzata è che l'energia necessaria a distanziarsi dal mondo esterno sia da cercare all'interno del proprio corpo. Il fatto che così facendo ci si stanchi già dopo pochi minuti e, di conseguenza, si riesca ancora meno nell'intento, appare evidente. Nei seguenti paragrafi troverete consigli pratici per riuscire a stabilire i vostri confini energetici senza esaurirvi.

Esercizio preparatorio per la centratura del sé utile anche per ricaricarsi

Sedetevi con la schiena dritta, i piedi paralleli e poggiati sul pavimento. Immaginate di trovarvi in mezzo a un prato. Sotto l'erba sentite il terreno. Più immaginate di spingervi al suo interno, più sale la temperatura. A mano a mano che vi avvicinate al centro sentite sempre più caldo e accumulate sempre più energia. Concentratevi ora sui piedi o, più precisamente, sulle loro piante. Immaginate che dalle piante dei vostri piedi si dipartano radici che sprofondano nella terra. Lasciatele procedere fino allo strato con la temperatura per voi più gradevole. Da lì assorbite l'energia sotto forma di luce calda e chiara. Lasciatela salire. Che sensazione provate quando raggiunge le piante dei vostri piedi? Ora si diffonde nei piedi, poi continua a salire, passa dalle caviglie e raggiunge la parte inferiore delle gambe. A quel punto passa dalle ginocchia e si diffonde nelle cosce. Durante questo processo sentite aumentare dentro di voi la luce, vi sentite riempire dell'energia che sale dalla terra. Presto essa raggiunge l'intero bacino. L'energia prosegue la risalita, ce n'è in abbondanza. Osservate la sensazione che vi trasmette quando riempie completamente la zona della pancia. A quel punto risale lungo la colonna vertebrale passando dal diaframma, che separa l'addome dal torace. Come si ripercuote sulla respirazione, una volta raggiunti i polmoni? L'energia si diffonde poi all'interno del torace. Attraverso le spalle si estende nelle braccia fino a raggiungere le mani. Quella in eccesso viene rilasciata attraverso le punte delle dita. L'energia torna a salire, riempie la gola e subito dopo tutta la testa. Viene rilasciata anche attraverso la cute, così da fare spazio ad altra sempre nuova proveniente dalla terra. Ricaricatevi di energia e avvertitene l'effetto. Sapete che questa energia è a vostra disposizione e che potete attingervi in ogni momento, semplicemente concedendovi un po' di tempo.

Questo metodo vi aiuta a rilassarvi e a ricaricarvi, armonizzandovi al contempo. Vi dimostra inoltre attraverso i sensi il luogo di provenienza dell'energia necessaria a stabilire i vostri limiti e confini: la terra.

Esercizio: una membrana che ci delimita

L'esercizio di preparazione alla ricarica energetica vi ha probabilmente dimostrato che esiste energia proveniente dalla terra e che essa è presente in abbondanza e a vostra totale disposizione. Probabilmente vi siete anche fatti un'idea di come la si percepisce e di quali effetti produce. Nel metodo che presenterò ora, dirigerete l'energia terrestre non più attraverso il corpo, ma vi immaginerete di lasciar crescere intorno a voi una membrana trasparente. Potrete allargarla a vostro piacimento, come pure restringerla. All'inizio è consigliabile tenere gli occhi chiusi, in modo da concentrarsi meglio sull'immagine mentale. Più avanti, nelle situazioni in cui vi conviene fissare bene i vostri confini, terrete ovviamente gli occhi aperti.

Sedetevi in un posto tranquillo, dove potete rimanere indisturbati, e chiudete gli occhi. Sentite sotto di voi la terra con la sua ricchezza di energia. Tracciate mentalmente per terra un cerchio intorno a voi, a una distanza di 30-40 centimetri. Ora immaginate che da questo cerchio si innalzi dal terreno tutt'intorno a voi una membrana trasparente. Vi ritrovate quindi all'interno di qualcosa che assomiglia a un ampio tubo trasparente di plastica, aperto sull'alto. Lasciate crescere la membrana un po' oltre la vostra testa. Ora potete riflettere se basta così o se desiderate allungarla ancora, o chiuderla dall'alto. Se non vi piace l'idea, riapritela. Potete anche allargarla un po', fate tutto quello che volete. In alcune situazioni potrete anche restringerla – in metropolitana, per esempio, dove capita di ritrovarsi un po' pressati. Quando avete provato ad ampliare e restringere la vostra membrana, scoprite quale distanza è per voi più adatta. In linea di principio potete gestirla in modo creativo. Se volete, potete ricavarne anche una tuta da astronauti! Come vi siete sentiti all'interno del tubo? Non notate sottili differenze rispetto a quando non c'era? Provate ancora una volta. Infine, sperimentate nelle situazioni quotidiane: come influisce la membrana sul contatto con gli altri?

La crisi matrimoniale di Hartmut aveva raggiunto l'apice e ormai per lui tornare a casa dal lavoro era diventato un incubo. La moglie non gli rivolgeva nemmeno la parola, facendolo sentire già abbandonato, oppure, in alternativa, gli riversava addosso veleno con parole e sguardi. Lui avrebbe tanto desiderato andarsene, ma quello avrebbe significato la fine del matrimonio. Fu così che decise di ricorrere al metodo sopra descritto. Grazie alla membrana riuscì a rendersi "impermeabile" alle frecciatine maligne e all'aggressività della moglie. Riusciva a rimanere del tutto distaccato e a non farsi coinvolgere. In tal modo non esasperava a sua volta la situazione con reazioni violente. La membrana sembrò esercitare un effetto particolare anche sulla moglie, che era stizzita e non si sentiva più considerata. Ben presto apparve agli occhi del marito come una bambina abbandonata a se stessa. Questa immagine lo toccò talmente nel profondo da spingerlo ad abbracciarla dopo tanto tempo. Quel gesto rappresentò la fine dei loro problemi di coppia, assieme a un pianto liberatorio che sciolse il rancore accumulato nel corso di tanti anni.

ESERCIZIO: LO SCUDO INVISIBILE

Ad alcune persone questo tubo trasparente non piace un granché. Le fa sentire costrette al suo interno. In tal caso si può ricorrere all'alternativa dello scudo protettivo. Immaginate di far emergere da terra uno scudo protettivo. Posizionatelo tra voi e la persona dalla quale desiderate prendere le distanze. Potete sempre sistemarlo come più vi torna comodo. Una mia paziente che faceva l'impiegata lo aveva posizionato alla sua sinistra, perché su quel lato sedeva la collega con la quale non andava d'accordo. Con gli altri colleghi dell'ufficio, al contrario, era disponibile e aveva un buon rapporto. Potete utilizzare lo scudo protettivo anche in altre situazioni, per esempio quando l'unico tavolino del bar all'aperto vi costringe a rivolgere le spalle a una strada trafficata.

Vera, madre single di Tim, dieci anni, non guadagna tanto come maestra d'asilo, comunque non abbastanza per soddisfare tutte le pretese e i desideri del figlioletto viziato. Quando questi le si presenta davanti con l'ennesima richiesta, vale a dire un paio di costosissime scarpe sportive di una marca famosa, lei si rende conto di essere sul punto di cedere, pur avendo ben presente il conto in banca quasi in rosso. Si ricorda allora della tecnica dello scudo protettivo, con il quale crea una barriera energetica che la protegge dal figlio. Quest'ultimo insiste ancora per un po', poi pesta il piede a terra e se ne esce con la frase: "Certo che con te non si riesce proprio a parlare!" – la piena conferma dell'efficacia del metodo. Dopo di che il ragazzo si rassegna.

Come ha reagito Vera? Si è meravigliata di essere riuscita per la prima volta a mantenersi ferma sulla sua posizione, senza lasciarsi impietosire dal figlio. Ha saputo valutare a mente fredda la richiesta di Tim. Se non lo avesse fatto subito, ci avrebbe pensato il Bancomat la volta successiva in cui avrebbe tentato un prelievo... L'incantesimo, quindi, era spezzato. E Tim? Con il passare del tempo ha imparato a gestire le sue richieste in modo più responsabile. Ha smesso di seguire qualsiasi impulso e cominciato ad adeguare i suoi desideri alle possibilità finanziarie della madre.

Dubbi? Provate!

Stabilire i propri confini a livello energetico ha un doppio effetto. Il primo è la ferma decisione da parte vostra di farlo, il secondo è la messa in atto della decisione. A questo si aggiunge l'effetto energetico, che a volte viene messo in dubbio. Si può discutere all'infinito sull'efficacia di metodi come questo. A livello teorico non è possibile risolvere simili questioni, perché si cerca la risposta sulla base di convinzioni di fondo o delle conoscenze finora a disposizione. Anziché perdere tempo a rimuginare, sperimentate semplicemente nella pratica! Prima esercitatevi a casa. Cosa accade con gli stimoli esterni quando indossate la vostra membrana protettiva? Cosa cambia nel modo di prestare ascolto quando si parla con altri? Più avanti potrete sperimentare anche all'esterno: come funziona questo metodo in metropolitana? (Evitate per favore gli orari di punta!) Come vi sentite quando sedete al bar ben protetti dalla vostra membrana? E come vi sentite senza? Percepite delle sottili differenze? E che effetti produce questo modo di delimitarvi dal resto del mondo quando dovete concentrarvi sul lavoro?

Cosa va perso con la delimitazione energetica

Non esagerate con gli esperimenti. Ed evitate di delimitarvi troppo a lungo. Questa tecnica della membrana vi separa infatti dall'energia che vi circonda. Inoltre impedisce il fenomeno della risonanza, grazie al quale può crearsi moltissima energia, dalla quale noi dipendiamo in quanto creature viventi. Essa appare evidente, per esempio, tra due persone che concordano tra loro su una questione, oppure nell'esempio che segue, i cui protagonisti sono un cagnolino e il rispettivo padrone.

È mattina e il cane, accoccolato nel suo cestino in corridoio, raddrizza le orecchie. Dalla camera da letto provengono alcuni rumori, poi uno sbadiglio! Il padrone si sta stiracchiando come ogni mattina. È ora di andare alla porta e, grattandovi leggermente contro, richiamare l'attenzione. Il padrone risponde chiamando il cagnolino. Quest'ultimo è ancora più felice ed emozionato, si alza sulle zampe, apre la porta e lo saluta affettuosamente. Gli salta in braccio con immensa gioia, lui lo accarezza ed è felice. Il cane gli mostra la strada verso il frigorifero, dove c'è il cibo, e attende fiducioso...

Una risonanza di questo tipo permette non solo uno scambio di energia, ma anche un potenziamento della stessa. Cane e padrone hanno complessivamente più energia della somma delle singole energie. Il filosofo Georg Christoph Lichtenberg, uno spirito estremamente critico, definì "matematica degli angeli" il calcolo nel quale 1 + 1 non dà solo 2, ma qualcosa di più. Quando vi delimitate con l'aiuto della membrana, vi escludete da questo fenomeno. Per questo motivo non si deve considerare questo metodo un rimedio da adottare sempre e ovunque.

Esercizio: indossare la pelliccia d'orso

La versione seguente di delimitazione energetica risulta in genere più attuabile a coloro che hanno difficoltà a immaginarsi l'energia vitale. È comunque altrettanto efficace della membrana o dello scudo protettivo ed è adatta anche ai bambini. Prevede quanto segue. Immaginate di indossare una pelliccia d'orso. Naturalmente non deve trattarsi di una pelliccia vera, potete immaginarne anche una ecologica. Questa pelliccia ha il potere di catturare e bloccare tutte le energie che risultano a voi aggressive, contrarie e nemiche. Potete decidere voi, ovviamente, ciò che può lasciar passare, o meno!
Come dovete procedere nella pratica? Potete cominciare a immaginare prima di tutto di infilarvi dei lunghi stivali di pelliccia d'orso, poi dei calzoni anch'essi di pelliccia, la giacca e tutto il resto, fino ad arrivare ai copriorecchi, anch'essi importantissimi per rimanere imperturbabili di fronte ad attacchi verbali. Potete però anche immaginare di farvi crescere la pelliccia d'orso direttamente sulla pelle: richiederà meno tempo e vi trasmetterà una piacevole sensazione di calore e sicurezza. Provateci. Forse questa sensazione si trasmetterà anche agli altri, anche se non posso garantirlo. Se l'idea dell'orso non vi piace, provate la versione "riccio". E soprattutto sperimentatela per tempo, in modo che funzioni quando vi servirà davvero!
Come vi sentite dopo aver indossato la pelliccia d'orso?
Naturalmente potete sostituire la pelliccia d'orso anche con quella del coniglio pasquale che piace tanto ai bambini, con le sue lunghe orecchie – che oltre a voi nessuno vedrà! Oltre a difendervi dagli attacchi verbali vi farà anche ridere un po'.

Lara, una giovane madre di un bambino di quattro anni che si guadagna da vivere facendo la spogliarellista, ha deciso di adottare la tecnica della pelliccia d'orso durante gli spettacoli nel suo locale. Grazie a essa si è accorta di riuscire a svolgere più facilmente il suo lavoro. Non si sente più in balìa degli sguardi dei clienti, pur non perdendo niente del fascino che esercitava su di loro. Questa sua aura erotica, ma allo stesso tempo inavvicinabile, la fa apparire agli uomini particolarmente misteriosa e attraente.

Esercizio: programmare la delimitazione

L'energia segue la nostra immaginazione. Essa obbedisce infatti a leggi del tutto diverse da quelle che regolano la materia, che non è assolutamente disposta a seguire l'immaginazione. Questo significa anche che possiamo programmare l'energia. Basta essere fortemente determinati a farlo. Naturalmente potete correggere, modificare o specificare questa intenzione in ogni momento. Se la mettete in dubbio, però, ne annullate l'effetto. Dipende tutto dalla vostra immaginazione! Potete per esempio decidere che nel corso di una conversazione le informazioni passano, ma le frecciatine maligne rimangono impigliate. Le percepirete, ma non vi colpiranno più e non sarete costretti a una risposta emotiva in merito.

Le cose ovvie prima di tutto

I metodi di delimitazione energetica descritti non sono cure per tutti i mali. Personalmente ritengo che li dovreste adottare solo come ultima possibilità. Non solo la membrana o la pelliccia d'orso ci escludono dallo scambio energetico con gli altri, dal quale dipendiamo, ma è facile anche farne un uso scorretto, per esempio per evitare di crescere o per scansare compiti e doveri.

In genere è sempre possibile ricorrere al mezzo più ovvio. Chi vuole sapere come è il tempo non ha bisogno di consultare gli oracoli: basta che apra la porta di casa. Oggi ci sono persone che, chiedendosi cosa indossare la mattina, non guardano fuori dalla finestra, ma cercano in Internet... Quindi, mi raccomando: prima di tutto, le cose ovvie!

Ma cos'è ovvio? Nessuno di noi può evitare di farsi carico, prima o poi, della propria posizione nella vita e di assumersene la responsabilità. Questo implica anche accettare di vivere la quotidianità e riconoscere i propri limiti. Suona semplice, ma prevede di rinunciare alle possibilità apparentemente infinite dell'essere e di riconoscere di non essere superiori agli altri.

Una volta riusciti a fare questo, si può affrontare più serenamente il passo successivo e, partendo dalla propria posizione, cominciare a farsi valere e sviluppare competenze comunicative per farsi spazio fra gli altri e difendere la propria sfera personale. Questo significa anche rapportarsi alle persone ponendosi al loro stesso livello, riconoscere l'eventualità che ognuno rivendichi gli stessi spazi e si arrivi, pertanto, anche a conflitti. Inevitabilmente sorge quindi la possibilità di limitare o ferire gli altri, e spesso anche di diventare colpevoli nei loro confronti, come loro nei nostri. Dobbiamo accettare questa responsabilità. Così facendo, abbandoniamo anche il ruolo di vittime che in passato probabilmente ci ha spesso permesso di sentirci meglio degli altri.

Una sequenza sensata per l'applicazione dei metodi

Per le persone che riescono senza problemi a definire i propri confini, in genere tutte le forme di delimitazione hanno luogo allo stesso livello contemporaneamente. Quelli di noi che invece incontrano difficoltà possono attenersi alla sequenza seguente, che parte dai compiti più semplici:

- centratura del sé e assunzione della propria persona
- delimitazione mentale
- delimitazione comunicativa: linguaggio, postura, mimica, gestualità
- solo a questo punto: delimitazione energetica.

Ovviamente avete tutto il diritto di delimitarvi a livello energetico anche se non avete ancora imparato a fare il resto, poiché ogni forma di delimitazione consapevole implica un riconoscimento della propria limitatezza. Per certi versi ci si procura un po' di tranquillità, una breve pausa per riprendere fiato lungo il cammino della crescita. Si riconosce a se stessi di non saper ancora comunicare, di non saper ancora difendere la propria posizione. Ciononostante, si ha bisogno di questo spazio neutro. Il problema è che non si vuole essere travolti...

Capitolo 6

Cosa può sfuggire alla nostra delimitazione

Chi comincia a definire i propri limiti a volte incappa in situazioni nelle quali, contrariamente alle sue aspettative, non riesce a raggiungere l'intento. Con l'esempio della delimitazione comunicativa descritto nel capitolo precedente abbiamo già visto che *uno* dei motivi di questo insuccesso può essere l'aspettativa da parte degli altri: le persone amano vedere e ascoltare quello che conoscono e sul quale fanno affidamento. Per questo può accadere che a parole riusciate bene a prendere le distanze dal collega che cerca di convincervi a svolgere anche il suo lavoro, tuttavia non siete in grado di trasmettergli chiaramente il messaggio. Vi conosce da diversi anni e per lui siete sempre stata una persona estremamente disponibile, pronta a farsi in quattro appena le si chiede un favore, pertanto anche ora si aspetta il medesimo comportamento. Di conseguenza, il vostro "no" gli arriva solo attutito, filtrato da questa sua aspettativa. Da parte vostra serve solo pazienza e perseveranza: prima o poi il vostro nuovo modo di comportarvi gli farà cambiare idea su cosa può aspettarsi da voi.

Tuttavia gli ostacoli maggiori non vanno cercati all'esterno. Spesso gli aspetti che possono minare i tentativi di definire i nostri confini risiedono in noi stessi, nella nostra natura di esseri umani e nelle personali esperienze e propositi.

Perché è così difficile dire no e prendere le giuste distanze

A molte persone riesce arduo dire no o trasmettere il messaggio: “Fin qui, ma non oltre!”. Forse pensate che capiti solo a voi, ma in realtà questo disagio è molto più diffuso di quanto si pensi. E questo per buoni motivi.

Se si risale alla storia dell’evoluzione umana, si scopre che i nostri antenati vivevano in tribù, o clan. La loro sopravvivenza in natura dipendeva in tutto e per tutto dal destino del gruppo di appartenenza. Vivere da soli sarebbe stato impossibile: un’esistenza di quel genere sarebbe durata non più di qualche giorno. Il singolo sarebbe stato infatti preda di animali selvatici e non avrebbe potuto nemmeno difendersi dagli attacchi degli altri gruppi. Inoltre, cacciare da soli non avrebbe procurato grandi bottini. Senza l’aiuto da parte del gruppo, ogni ferita o malattia avrebbe ben presto portato alla morte. In un’epoca simile, l’esistenza su questa terra prevedeva inevitabilmente l’essere accettati dal gruppo di appartenenza. L’esclusione sarebbe equivalsa a una condanna a morte. Anche nel Medioevo essere bandito dalla comunità continuò a rappresentare un tipo di punizione. La paura di essere esclusi è ancora fortemente radicata nella nostra psiche. Chi viene emarginato collega ancora oggi l’esperienza a una sensazione di minaccia esistenziale, che spesso non trova spiegazione nella situazione reale.

L’essere stati animali sociali fin dalle origini ha lasciato anche altre tracce nel nostro patrimonio genetico. Immaginate che nel vostro gruppo uno dei membri più alto in grado si fosse dato all’improvviso alla fuga. Lo avreste seguito tutti, pur non sapendo quale fosse il motivo. Così facendo, infatti , vi sareste messi dalla parte giusta. Chi avesse invece preferito cercare di capire cosa stesse succedendo, sarebbe stato subito sbranato dai branchi di lupi o dalle iene. A sopravvivere nella storia sono stati quelli che hanno seguito il capo. Sono loro che hanno trasmesso il loro patrimonio genetico. Questo spiega anche tanti fenomeni riscontrabili ancora oggi in ambito politico. Per esempio, richiede davvero tanta consapevolezza, energia e coraggio uscire dalle file. È per questo che chi vive sotto regimi dittatoriali molto spesso dimostra meno coraggio civile di quanto potrebbe. Ed è sempre per questo motivo che chi assiste a un'aggressione esita parecchio prima di correre in soccorso della vittima. Il nostro "comportamento dell'orda primordiale" appare evidente persino negli incidenti automobilistici provocati dalla nebbia. Un automobilista sta guidando nella nebbia fitta, tenendosi sulla parte giusta della carreggiata, quella destra; tuttavia, non vedendo davanti a sé le luci posteriori di un'altra auto, non si sente tranquillo. Quando finalmente compaiono, tira un sospiro di sollievo. Ora si sente al sicuro, nonostante non lo sia realmente. L'auto davanti a lui frena all'improvviso e... come va a finire la storia potete immaginarlo da soli.

Mettersi ancora di più sotto pressione?

Dobbiamo quindi accettare il fatto che, per nostra natura, non ci riesce così facile dire no agli altri e prendere le distanze dall'ambiente che ci circonda. Gli individui che si sono resi conto di non poter continuare così e di dover per forza imparare a far rispettare i loro confini, spesso aggravano la situazione rimproverandosi e punendosi per non essere in grado di farlo. Come abbiamo visto, la difficoltà nel difendere il proprio spazio personale è un'eredità risalente all'evoluzione della specie. E tra noi sono pochissimi ad avere avuto in famiglia modelli adeguati per imparare a gestire i propri confini, né casa né scuola hanno mai insegnato niente di costruttivo in merito.

Limitate quindi la quantità di pressione alla quale vi sottoponete. Non rappresenta una sconfitta nemmeno arrendersi e ricadere nei comportamenti del passato. Forse conoscete già questa situazione: sentivate la necessità di stabilire un limite e magari avevate già pronto il metodo per farlo; tuttavia, alla fine avete ceduto terreno o detto all'altro di sì, pur volendo fare esattamente il contrario. Capita. Non per questo dovete sentirvi dei perdenti e abbattervi. Molto più costruttivo è ricavare dall'esperienza qualche lezione su se stessi. Consideratela una preziosa occasione per riflettere più a fondo: cos'ha contribuito a questo risultato? Cos'è stato, esattamente, a farvi cedere, alla fine? Osservando con maggiore attenzione, in genere emerge che a giocare un ruolo è stato almeno uno degli aspetti elencati di seguito.

Carenze, deficit e necessità

Non è facile definire i propri confini quando, per esempio, entrano in gioco particolari deficit o si hanno delle necessità concrete. Chi si dimostra impacciato e in difficoltà non spinge certo chi è più abile a tirarsi indietro. La tentazione, per loro, è troppo forte: vogliono prestare aiuto a tutti i costi e molto spesso chi è in difficoltà accetta di buon grado queste "ingerenze in buona fede" solo perché gli tornano comode. Bisogna poi fare i conti anche con il proprio conflitto interiore: una parte vorrebbe prendere le distanze, l'altra si sente impotente e, di conseguenza, invia i corrispondenti segnali. L'altro – magari già dimostratosi troppo invadente – riceve così un messaggio contraddittorio. Siate pazienti con voi stessi e proponetevi ogni volta di sforzarvi e difendere la vostra posizione.

Rifiutare l'invito di un vecchio zio a bere una tazza di tè risulta più facile se non ci importa di essere citati nel suo testamento. Rifiutare di festeggiare gli ottant'anni della ricchissima zia un po' malandata risulta più difficile, soprattutto se economicamente non si naviga in buone acque e si cerca in tutti i modi di tenersela cara. Questo potrebbe valere anche per gli altri della famiglia, pertanto non è escluso che al compleanno ci si ritroverà con tutto il parentado al gran completo. Anche questa situazione ci dimostra come i nostri limiti rispecchino la forza e le facoltà a nostra disposizione, sotto tutti gli aspetti.

Quando si pensa di non avere nemmeno il diritto di vivere

I limiti possono essere considerati anche in senso lato come riflesso dei nostri valori. Chi è convinto di non valere niente, chi non rivendica con decisione il proprio diritto all'esistenza riflette tutto questo anche nell'atteggiamento, nei movimenti e nell'energia che emana. Chi tende a considerare più importanti gli altri di se stesso non tiene testa alle loro richieste, fa un passo indietro, cede loro la precedenza, perde terreno. In genere riconosce la necessità di dichiarare i propri confini, tuttavia i tentativi di farlo rimangono vani, poiché la convinzione della propria mancanza di valore è molto più radicata di questa nuova consapevolezza. L'antica convinzione cerca continuamente di riconfermarsi, anche se si tratta di un programma che porta solo svantaggi. Chi si scontra ogni volta contro questo ostacolo interiore dovrebbe davvero ricorrere a un aiuto di tipo terapeutico. Cercare aiuto in questa situazione è un segnale di maturità e di responsabilità nei propri confronti, non di fallimento.

I bisogni degli altri

Non sono solo le nostre personali mancanze a impedirci di stabilire i nostri confini, ma anche i bisogni di chi ci circonda.

Chi non è centrato su se stesso e non pone la giusta distanza tra sé e gli altri è spesso troppo disposto a farsi carico degli stati d'animo, dei bisogni e delle sofferenze altrui. Considerato il gran numero di questuanti, anche un giro in centro è sufficiente a metterlo in crisi. Chi è troppo compassionevole diffonde intorno a sé solo sofferenza e colui al quale pensa di dare aiuto, in realtà non ne riceve. Compatire gli altri indebolisce e impedisce l'aiuto concreto. Immaginatevi un chirurgo che soffre assieme al paziente! Empatia significa invece riconoscere la sofferenza altrui senza allo stesso tempo condividerla.

Tuttavia, sono i nostri giudizi, gli schemi e i concetti a decidere cosa riesce a toccarci, e in che modo. Ad alcune persone sembra riuscire più facile farsi carico delle sofferenze altrui che vivere la propria gioia. Così come possiamo dimostrarci aperti ai bisogni del prossimo, potremmo anche esserlo nei confronti della loro vitalità e del loro benessere, permettendo che influiscano su di noi. Sembra esistere una sorta di filtro che decide a cosa permettiamo di arrivare a noi e cosa teniamo a distanza.

A fungere da filtro sono i concetti che abbiamo di noi, degli altri e del mondo. Un concetto limita la percezione e la scoperta, perché di fondo cerca solo conferma. Se consideriamo il mondo una valle di lacrime e la vita solo una serie infinita di difficoltà, percepiremo tutto quanto confermi questa nostra presa di posizione. Non ci accorgeremo, invece, della gioia e della felicità altrui. Ciò che non rientra nella nostra concezione verrà ignorato o adeguato a essa. In questo senso ognuno di noi vive in un mondo da lui stesso creato. Riscontrare che il mondo reale coincide con quello da noi concepito trasmette sicurezza e stabilità, anche se nel farlo si sacrificano gioia e felicità, anch'esse presenti nel mondo.

Similmente accade con giudizi e valutazioni di cui, come i concetti di cui sopra, spesso non siamo per niente consapevoli. Può quindi succedere che una persona abbini a problemi, contrarietà e difficoltà un senso di "profondità" e li giudichi quindi positivamente, mentre ritenga superficiale e negativo tutto quanto è collegato a leggerezza, gioia e divertimento. Di conseguenza, questo individuo sarà aperto solo a tutto quanto è difficile e problematico e gli risulterà arduo prenderne le distanze.

Esercizio: aprirsi in maniera consapevole

Chi ha difficoltà a stabilire confini netti tra sé e il mondo dispone spesso della capacità di condividere gli stati d'animo del prossimo. Cosa accadrebbe se si decidesse di sfruttare questo dono in maniera consapevole? Ipotizziamo che abbiate scoperto di essere troppo esposti alla sofferenza dell'altro e di avere la tendenza a farvi carico dei suoi problemi senza che lui ve lo chieda. In tal caso il metodo che illustrerò di seguito è adatto a voi.

Scegliete una persona che della vita ha un'idea diversa dalla vostra. Potrebbe trattarsi di qualcuno che apprezza gli aspetti positivi dell'esistenza, che è sempre felice, di qualcuno in grado di farsi valere e difendere i propri spazi, che affronta coraggiosamente le sfide... Non dovete avere la certezza che questa persona sia davvero così: basta anche immaginarselo (potete anche scegliere un personaggio di fantasia).

Cercate di aprirvi consapevolmente nei confronti delle qualità della persona scelta. Cercate di assumerne l'atteggiamento, l'espressione del volto e lo sguardo; tutto questo vi aiuterà ad assomigliarle. Sentitevi come lei per qualche minuto e percepite il mondo da questa sua prospettiva così diversa dalla vostra.

Questo breve trasferimento nei panni di un'altra persona offre tutta una serie di vantaggi, in quanto vi permette di relativizzare i giudizi di parte e rendervi conto che anche altri punti di vista hanno il loro valore. Amplierete inoltre i vostri orizzonti, riconoscendo che prospettive diverse dalla vostra possono essere altrettanto convincenti e giustificate. E forse qualche volta vi sarà capitato di provare la sensazione legata al sapersi fare valere e difendere i propri confini. Questo non significa togliere alcunché all'altra persona. L'uomo pieno di vitalità, la donna battagliera e piena di energia... nemmeno loro ci hanno rimesso nulla, anzi. Magari hanno guadagnato anche qualcosa: più risonanza, più comprensione, più apprezzamento!

Il diritto al proprio destino

Nella sofferenza di una persona risiede anche il compito, la sfida che è portata a sostenere. La sofferenza è parte della sua dignità di essere umano. Non abbiamo il diritto di privarla di questa prova, però possiamo aiutarla a sopportarne il peso e a superare la sfida se lei è d'accordo e noi siamo nella condizione di farlo.

Esercizio: concedere all'altro il suo destino

Riuscite a concedere all'altro in una situazione difficile

- di crescere ed evolversi grazie alle sfide che affronta?
- di fare le sue esperienze e voi le vostre?
- di avere una sua propria volontà?
- di assumersi le proprie responsabilità?
- di (eventualmente) sbagliare e fallire nel fare tutto questo?
- di sostenere la sua sofferenza?
- di essere anche lui un essere spirituale?
- di disporre anche lui di un sé superiore, di un angelo custode, di un rapporto con Dio o di una realtà superiore?
- che non è possibile privare le altre persone delle conseguenze concrete del loro agire, ma spesso il massimo che si può fare è limitarle?

Riuscite a permettergli di percorrere la sua strada e a riconoscere la sua dignità?

Andreas, un insegnante impegnato a livello sociale, mi racconta delle sue difficoltà mentre gira per le strade del centro. Lì incontra sempre un sacco di mendicanti. Passando loro davanti vive ogni volta un dilemma, collegato a una serie di domande alle quali non è in grado di rispondere. Se decide di non fare loro la carità si sente la coscienza sporca. Se dà loro qualcosa si sente altrettanto male nel dubbio di aver così contribuito al mantenimento di una situazione sociale inaccettabile. Il sospetto è sempre quello di sostenere l'accattonaggio organizzato e di veder finire il suo euro nelle tasche degli sfruttatori. Inoltre, una volta gli è anche capitato un incidente: due mendicanti lo hanno distratto per rubargli poi il portafoglio... Comunque sia, tutto questo basta a rovinargli l'umore per diverse ore ogni settimana!

Oggi Andreas ha trovato una soluzione al suo problema: evita di estrarre il portafoglio quando fa la carità – è troppo rischioso. Quando gira per la città si tiene in tasca sempre due monete da un euro. La prima – così ha deciso – la deve dare a un barbone. Questo rappresenta il limite minimo, che gli permette di sentirsi in un certo senso bene. Così facendo ripartisce meglio il suo denaro; conosce i vari senzatetto seduti al ciglio della strada e si concentra su quelli, senza cercare altrove. Ormai ha i suoi preferiti, ai quali dà sempre qualcosa; inoltre parla con loro e in più di un'occasione li ha aiutati concretamente regalando loro cose vecchie. Il secondo euro può donarlo a suo piacimento, ma una volta svuotate le tasche, per quel giorno basta. Questo è il suo limite superiore.

In ogni caso ora Andreas gira per la città molto più rilassato. "Questa bella sensazione val bene i due euro!" commenta. Quando il bisogno e la povertà fanno appello alle nostre emozioni è assolutamente importante avere la mente lucida e riuscire a prendere le dovute distanze. Il vantaggio del fissare un limite minimo e un limite massimo consiste nel disporre di sufficiente spazio per affrontare la situazione senza perdere di vista i limiti.

Frank è un libero professionista e deve assumere una nuova segretaria. La signora Felten l'ha mandata in pensione a malincuore, poiché dopo i tanti anni di esperienza sapeva ormai svolgere il lavoro alla perfezione. Ora Frank si chiede se sia il caso di lasciare a casa la nuova segretaria già dopo poche settimane, perché non si dimostra all'altezza della signora Felten, oppure se la sua è una reazione prematura. La bravura della signora Felten rappresenta senza dubbio il massimo, il livello più alto per lui. Ma dove si trova il limite inferiore per lui? È il limite entro il quale Frank è in grado di proseguire l'attività senza doverci rimettere. Giunge quindi alla conclusione di dover licenziare la nuova arrivata, perché lei quel livello non lo raggiunge nemmeno lontanamente.

Come la paura e il senso di colpa minano i nostri tentativi di delimitarci

Ulteriori ostacoli nel momento in cui vogliamo definire meglio i nostri limiti e confini sono il senso di colpa e la paura, in particolare per quelle che saranno le conseguenze della nostra presa di distanza. Paura e senso di colpa non influiscono solo a livello psichico, ma anche sul corpo e sul sistema energetico. Ci fanno sentire deboli, sotto pressione, a volte ci procurano persino un senso di nausea; alcuni hanno dei crolli e molti riscontrano un forte stress accompagnato da tutti gli effetti collaterali. Una possibile reazione può essere il bloccarsi; altre persone cercano di far finta di niente e si preoccupano solo di mantenere l'autocontrollo.

Quali potrebbero essere le conseguenze del nostro no o del nostro "Fino a qui, ma non oltre"? Se fossero certe potremmo calcolare il rischio a mente fredda e poi constatare se i vantaggi procurati dal nostro prendere le distanze superano gli svantaggi. La nostra fantasia amplifica l'effetto della paura, che spesso ci porta ad anticipare proprio ciò che tanto temiamo! Questa reazione interiore esagerata ci indebolisce ulteriormente. Un individuo impaurito in tal modo si tira la zappa sui piedi, facendo il gioco di chi forse intendeva incutergli solo un po' di paura.

Anche solo immaginare cosa potrebbe accadere indebolisce i nostri confini. Quando proviamo paura entriamo in uno stato d'allarme, che in teoria dovrebbe servire proprio a permetterci di difenderci. Se però la paura si diffonde, i confini della nostra persona si ritraggono, si fanno confusi e frammentati. Noi diventiamo piccoli e deboli e non siamo più in grado di difendere i nostri diritti. Anticipando ciò che ancora non è, facciamo spazio a quanto vorrebbe estendersi a discapito dei nostri confini e del nostro territorio.

Mentre il lato positivo della paura ci mette nella condizione di difenderci, quello oscuro collabora con il nostro avversario. Spesso si tratta di un processo risalente alla nostra infanzia che si è automatizzato. All'epoca abbiamo spesso considerato la rinuncia o addirittura l'autopunizione come uniche possibilità di proteggerci dai castighi esterni – magari proprio perché cercavamo di difendere il nostro spazio. Le conseguenze temute non erano sempre drastiche – da queste si sarebbe potuto prendere le distanze interiormente in modo molto più facile – ma sottili e, proprio per questo, più incisive. Prevenendole abbiamo creduto di metterci al riparo da punizioni e privazioni di affetto.

Esercizio: imparare a distinguere le paure

Quando provate paura, si tratta di una sensazione che nasce da voi o che è provocata da qualcuno allo scopo di ottenere qualcosa?
Questa paura vi mette all'erta in modo che possiate difendere il vostro territorio e i vostri confini, oppure vi indebolisce e produce il risultato opposto?

L'appartenenza messa in dubbio

Quando delimitiamo noi stessi proviamo dentro di noi una profonda paura di perdere l'affetto, l'apprezzamento e il senso di appartenenza alla comunità. Alla nostra mente si affacciano di continuo domande del tipo: "I colleghi mi apprezzeranno ancora anche se nel fine settimana non farò più gli straordinari?", "Come si comporteranno con me gli amici del club quando dirò loro che non voglio più fare il tesoriere? Mi vorranno ancora con loro?", "Mia figlia mi vorrà ancora bene anche se non le permetto di stare fuori casa fino a tardi?", "Il mio partner mi lascerà se decido ogni tanto di trascorrere anch'io una serata per mio conto?".

Chi in precedenza non ha saputo stabilire limiti e confini precisi, e all'improvviso lo fa, non riscuote sempre approvazione da parte di chi lo circonda. In un certo senso equivale a limitare diritti considerati ormai acquisiti. Può infatti capitare che qualcuno li rivendichi, per esempio il vicino di casa che si lamenta per la nuova recinzione... In fondo ha sempre parcheggiato la sua auto sul nostro prato!

Prevenite questo tipo di rivendicazioni e chiarite fin da subito la nuova situazione, per esempio con formulazioni di questo tipo: “Ti voglio bene e mi piace stare con te, ma ogni tanto mi piacerebbe poter trascorrere una serata per mio conto”.

Spesso le reazioni negative da parte degli altri avvengono solo nella nostra testa, anche se non sempre. Può benissimo capitare che l'uno o l'altro dei nostri amici prenda le distanze e, in casi estremi, il rapporto tra noi si perda. Le relazioni prendono un nuovo corso quando noi cambiamo. Chi vuole crescere ed evolversi deve essere pronto a pagare questo prezzo. I riscontri positivi possono valerne la pena, perché imparando a definire meglio il vostro spazio, il rapporto con gli altri appare più chiaro. Chi finora ha approfittato del rapporto con voi solo per trarne dei vantaggi ora si allontanerà; coloro i quali, invece, sono da sempre interessati a voi in quanto persona rimarranno anche quando farete valere le vostre esigenze. E forse riceverete anche comprensione e appoggio dall'uno o dall'altro quando inizierete a pensare di più a voi stessi.

La pistola puntata alla tempia: appartenenza senza limiti o limiti e separazione totale

L'esperienza del vedersi esclusi quando si dice no, quando si prendono le distanze e si difende il proprio spazio, molte persone l'hanno vissuta realmente negli anni dell'infanzia. Si sono accorte di avere perso l'affetto e il senso di appartenenza nel momento in cui hanno osato difendere i loro confini. Già da piccoli si sono ritrovati nel bel mezzo di un dilemma. Da una parte veniva loro offerto affetto, sicurezza e senso di appartenenza, dall'altra la possibilità di sentirsi autonomi, indipendenti e liberi. Una parte condiziona necessariamente l'altra, eppure in alcune famiglie le due possibilità si escludono: si tratta di un tipo di affetto che è collegato a quella che io chiamo “appropriazione indebita” e alla rinuncia all'autonomia.

A quel punto l'indipendenza diventa sinonimo di esclusione e isolamento, anaffettività, minaccia dell'esistenza.

In realtà entrambi gli aspetti sono inscindibili: è il sentirsi al sicuro e amato che permette al bambino di crescere, diventare forte, percorrere la propria strada nella vita e diventare autonomo e indipendente. Una volta maturo, forte e autonomo è in grado di crearsi una famiglia, che offrirà ai figli protezione, cure e affetto, in modo che anche loro possano un giorno seguire la loro strada...

Nonostante questo, in alcune famiglie i genitori forse hanno così bisogno loro stessi di affetto e intimità da non permettere al figlio di seguire il naturale percorso. Lo tengono stretto a sé e lo sacrificano per soddisfare i propri bisogni. Apparentemente sembra amato: i genitori si sacrificano per lui anche quando non ce n'è bisogno. Allo stesso tempo, però, pretendono dal figlio che sia solo bravo e gentile. Qualsiasi altro atteggiamento o stato emotivo viene punito, oppure ignorato. Un rifiuto o altri tentativi da parte sua di difendere il proprio spazio o la propria volontà provoca una privazione di affetto. Al figlio, quindi, la scelta. È evidente che opterà per l'affetto, la sicurezza e il senso di appartenenza, perché non è così forte per optare per l'altra possibilità. Più avanti, quando sarà comunque costretto a staccarsi e a percorrere la sua strada, non potrà evitare sofferenze e difficoltà.

Solo l'amore incondizionato, che accetta un rifiuto, rispetta i limiti e i confini altrui, che lascia spazio alla volontà dell'altro e alla sua crescita, si può definire davvero tale. È la qualità dell'amore a decidere se in futuro saremo in grado di prenderci il nostro spazio per realizzare appieno noi stessi e a definire i nostri confini. Nel capitolo dedicato all'infanzia e ai limiti torneremo a occuparci approfonditamente di questo argomento. E se nel vostro caso non avete mai avuto modo di sperimentare questo amore incondizionato? Sembra un paradosso, eppure proprio chi ne è stato privato e lo ha sempre desiderato è profondamente legato a questa idea. Infatti, chi ha sempre potuto disporre di affetto in modo scontato e naturale, considera questa qualità talmente ovvia da non riuscire nemmeno a descriverla. Provate il metodo che segue, anche più volte, e godetevene gli effetti. Potrebbe aiutarvi a guarire.

Esercizio: la stazione di servizio platonica

Ho chiamato così questo metodo rifacendomi al filosofo greco Platone. In parole povere: Platone parte dal fatto che esiste una forma originale assolutamente pura e completa di fenomeni come l'amore, il bene, il valore, il coraggio e via dicendo. Noi sulla Terra ne sperimentiamo solo un abbozzo, una brutta copia. Il fatto che questi princìpi (che lui nei suoi testi chiama "idee") esistano indipendentemente da come li viviamo noi nelle nostre relazioni terrene, rappresenta per noi un aiuto. Possiamo, infatti, entrare direttamente in contatto con una di queste "idee", per esempio con il riconoscimento, l'apprezzamento o l'amore incondizionato. Questo significa lasciarli agire su di noi. Collegandoci a tali princìpi possiamo ricaricarci, un po' come quando facciamo il pieno alla stazione di rifornimento. È per questo che ho utilizzato questa definizione nel titolo. Sperimentate voi stessi.
Scegliete una sedia – una diversa da quella sulla quale sedete ora. Immaginate che quella sedia vi metta in contatto, per esempio, con il principio dell'amore incondizionato. Ogni volta che vi sedete su questa sedia vi immergete nell'idea dell'amore incondizionato, diventando tutt'uno con essa. Osservate come sentite questo amore, che effetti provoca in voi. Prestate attenzione ai pensieri e alle emozioni che emergono, e soprattutto a come vi sentite a livello fisico. Non fate nulla, non sforzatevi, ma permettetevi soltanto di avvertire questa qualità effettivamente presente nel cosmo, e lasciate che agisca su di voi. Permettete semplicemente che accada.

Se seguendo questo metodo entrate in contatto con tutte le idee e i princìpi esistenti nel cosmo, vi rendete indipendenti dagli altri. Non avete più bisogno di essere amati da tutti. A quel punto potete persino rinunciare all'amore dell'altro, se è problematico. Da parte vostra, siete in grado di amare davvero il prossimo. Così facendo, potrebbe accadere qualcosa di nuovo nella vostra vita. Per esempio, un amore che non si aspetta niente dall'altro, ma rende liberi entrambi.

Qualora questo metodo non vi riuscisse subito al meglio, potrebbe dipendere dal fatto che è particolarmente efficace e semplice al tempo stesso. Mi è capitato diverse volte di sentirmi ribadire che non è possibile che funzioni così facilmente. E invece è proprio così! C'è tutto – dobbiamo solo metterci in contatto, come se accendessimo una trasmittente: basta regolare la frequenza ed ecco che riceviamo il programma della stazione radio! Con alcuni dei miei pazienti che non hanno avuto successo con il metodo della stazione di rifornimento platonica è emerso che, pur riuscendo ad avvertire l'esistenza del principio, non credevano di poterlo accettare. Se capitasse così anche a voi vi consiglio di chiedere aiuto a uno psicoterapeuta. Questo metodo può rappresentare un modo profondo per entrare in collegamento con il principio dell'accettazione, l'idea della stima o la qualità del perdono.

L'appello ai sensi di colpa

Oltre al fatto che noi per primi, per paura di perdere il senso di appartenenza agli altri, riduciamo i nostri tentativi di delimitarci, non di rado dall'esterno ci infondono sensi di colpa per sabotare il nostro intento. I sensi di colpa operano una sorta di distrazione e ci impediscono di fissare e far rispettare i nostri spazi. Spostano la nostra attenzione su un altro settore, nel quale evidenziamo una chiara debolezza. Basta questo a farci sentire insicuri e impotenti. Il nostro sistema energetico ne risulta disturbato e diventa permeabile. Privato delle necessarie difese, il nostro spazio di azione si contrae su se stesso e i suoi confini si restringono. Quando questo accade, spesso non siamo più in grado di difendere il nostro territorio, di cui comunque disponiamo ancora. A volte sembra quasi che vogliamo rinunciarvi del tutto.

Una manipolazione di questo tipo operata attraverso i sensi di colpa è particolarmente frequente all'interno dei rapporti familiari e interpersonali e riesce a indebolire i confini posti dagli altri. Si tratta di un semplice meccanismo che funziona così: il figlio, il partner o il genitore che non accetta la presa di distanza da parte dell'altro esterna la propria richiesta collegandola con un accenno a un difetto, una mancanza o un insuccesso dell'altro. A volte si arriva addirittura a minacciare che, se l'altra persona non farà come voluto, ci si ammalerà o – nei casi più estremi – si morirà addirittura.

Quando Lina prima di partire per le ferie passò a salutare la madre al ricovero, al momento di congedarsi si sentì rivolgere da lei le seguenti parole: "Allora ci rivediamo solo tra cinque settimane, visto che devi proprio partire e star via tutto questo tempo. Vedremo se sarò ancora al mondo. Stammi bene!".

Drizzate le antenne quando la persona con cui state parlando vi confronta, per esempio, con qualcuno che soddisfa una norma sociale meglio di voi, o rappresenta in un certo modo un modello migliore. Chi opera questa sorta di "attacco" non ha nemmeno bisogno di esprimere accuse. Un'espressione abbattuta e uno sguardo sofferente sono spesso sufficientemente eloquenti, possono rafforzare l'efficacia del metodo, magari accompagnati da formulazioni del tutto neutre e oggettive: "Mark ha provato la sua nuova bici durante i giri che ha fatto assieme a suo padre. È fantastica! Si sono fermati anche a dormire in tenda. Il padre di Mark passa con lui un sacco di tempo e l'anno prossimo hanno intenzione di girare in bici intorno al lago di Costanza. Mark e suo padre si sono davvero stupiti del fatto che io non mi sia ancora comprato una bici da trekking e giri ancora con questa carretta...". Chi non vorrebbe essere una brava madre, un bravo padre, una brava figlia, un bravo figlio? Chi non ha da sempre questo obiettivo? Non si permetterà a un vecchio paio di scarpe da ginnastica, a una piccola cortesia o ad altre sciocchezzuole simili di vanificare tanti anni di sforzi! Chi è particolarmente abile indirizzerà la sua allusione proprio a quel settore che vi sta particolarmente a cuore e per il quale vi state dando tanto da fare.

Una variante della ricetta consiste nel risvegliare sensi di colpa senza nominare concretamente la colpa. Si lascia libera la vittima di scoprire in cosa può avere fallito o sbagliato. In questo caso la distrazione è perfetta: il continuo rimuginare sulle possibili mancanze fa dimenticare completamente l'intenzione di definire meglio i propri spazi e far rispettare i propri confini.

Fissate limiti e confini in modo consapevole

Separate in modo ben determinato la questione legata ai sensi di colpa da quella che vi porta a difendere i vostri spazi. Tornate alla questione iniziale, che vi ha spinto a chiarire meglio i vostri confini. Fate presente all'altra persona che si tratta di due cose completamente diverse. In ogni caso, ricordate di modificare la vostra postura e l'espressione facciale, in modo che l'altro possa riconoscere chiaramente che siete all'erta e non vi lascerete manipolare tanto facilmente. Contribuirete così a oggettivare la questione (vedere anche il capitolo sulla delimitazione comunicativa).

Anche se vi rendete conto che l'altra persona cerca di evitare le limitazioni da voi imposte, non fateglielo pesare. Si tratta di meccanismi che avvengono in modo automatico. Forse anche lei è stata manipolata in questo modo – all'interno delle famiglie e in ambito educativo avviene davvero spesso!

Potere e dipendenza

Una situazione particolare emerge quando i rapporti di forza risultano non equilibrati. Chi è impotente e dipende da altri, in certe situazioni ha modo di difendere il proprio spazio nei confronti di chi detiene il potere solo a costo di autodistruggersi. Spesso a una persona non rimane altro da fare se non arrendersi, almeno all'apparenza. Chi in una situazione del genere reagisce a livello emotivo, o impazzisce e compie una strage, o distrugge se stesso. Anche quando si è costretti a cedere, tuttavia, si ha sempre la possibilità di limitare i danni, di fissare bene i propri confini interiori e difendere quanto è ancora possibile.

Si può, per esempio, cedere senza darsi per vinti. Ci si piega, ma non ci si spezza. Interiormente si mantiene la schiena dritta e, quando sarà il momento, la si raddrizzerà anche di fronte agli altri. Il rischio di autodistruggersi a causa dei rancori accumulati e del malcontento interiore è reale. L'intimidazione spesso è già sufficiente: gli impotenti poi sbrigano il resto e fanno di se stessi delle vittime. Così può accadere a chi è costretto a vivere sotto una dittatura, ma non solo a loro. Potere e assenza di potere sono presenti ovunque ci si scontri con diseguaglianze, sia nei rapporti di lavoro sia nelle relazioni interpersonali.

Nel corso della ristrutturazione della sua azienda, a Simon, cinquantanove anni, fu presentato un nuovo caporeparto, che prendeva il posto del direttore. Simon si vide quindi costretto a seguire le indicazioni del nuovo superiore e, come se non bastasse, gli fu tolta anche l'auto aziendale. Il nuovo capo non perdeva occasione, inoltre, di intromettersi nel suo lavoro e dirgli continuamente cosa doveva fare. Alla sua età Simon non serviva più, inoltre da troppo tempo si era specializzato in un particolare settore e altri colleghi nella sua posizione erano stati trasferiti nel Nord della Germania. Quando venne a sapere che lo avevano abbassato di categoria, si sentì del tutto inerme. All'inizio rimase come paralizzato, poi sentì emergere den-

tro di sé un'enorme rabbia. In quella condizione avrebbe potuto fare una strage. Avrebbe davvero voluto cantargliene quattro al direttore generale, riversandogli addosso tutti i rancori accumulati in diciassette anni di lavoro con lui. Così facendo, però, sarebbe stato senza dubbio licenziato e magari anche denunciato. "Spontaneità" e "autenticità", doti tanto decantate da sua moglie, in quel caso lo avrebbero aiutato ben poco. Tra un'abbuffata e l'altra avvertiva la rabbia e il suo ripercuotersi a livello cardiaco. L'unica cosa che gli fu d'aiuto fu una valutazione oggettiva della situazione, che gli permise di non peggiorarla ulteriormente con una reazione incontrollata. Capì che gli conveniva prima di tutto mantenersi in buona salute e guadagnare tempo, in modo da trovare vie d'uscita. Il suo declassamento di categoria aveva comunque un aspetto positivo: Simon si rese conto di essersi da tempo identificato troppo con il lavoro e di avere tralasciato altri aspetti della sua vita. La presa di consapevolezza ampliò le sue vedute.
In seguito la situazione cambiò radicalmente. Il nuovo caporeparto finì per scontrarsi violentemente con il direttore generale e se ne andò da un giorno all'altro. Simon venne nominato al suo posto e lì rimase. Tutto proseguì come in passato. In realtà, però, niente era più come prima. Oggi Simon lavora in modo più distaccato. Questo lo fa stare molto meglio e, tra l'altro, gli permette anche di dimostrarsi più efficiente.

Rifiutare del tutto il potere, d'altronde, non serve. Il potere esiste. Chi lo rifiuta e di conseguenza non si permette di esercitarlo apre ancor di più la strada ai potenti. Uno spazio privo di potere non esiste. Ogni assenza di potere invita i potenti a estendere la loro influenza anche lì. Spesso è di aiuto abituarsi all'idea dell'autodeterminazione: così tanto potere e influsso dovrebbero averli davvero tutti.

Ogni volta che è impossibile far valere i propri confini esterni, come nel caso di una disparità di poteri che ci vede in svantaggio, è importante cercare di limitare i danni interiori, e per questo può risultare efficace ricorrere al metodo della permeabilità descritto verso la fine del libro.

La lucina rossa di emergenza

Ogni volta che nell'interazione con l'altro avvertite paura, sensi di colpa o di impotenza, accendete simbolicamente una lucina rossa di emergenza nella vostra mente. Trasferitevi, per così dire, in uno stato di presenza consapevole. Assicuratevi che nessuno stia effettivamente minacciando i vostri confini; magari avete semplicemente paura che possa arrivare a farlo. È importante riconoscere cosa sta accadendo effettivamente.

La consapevolezza è la premessa per non cedere terreno senza opporre resistenza, ma essere in grado di difendere i propri confini. In alcuni casi può addirittura capitare che essere consapevoli sia l'unica cosa che vi è possibile fare nella situazione reale, e comunque osservando l'esatto succedersi degli eventi, ricaverete senz'altro tante informazioni preziose che vi saranno utili la prossima volta che dovrete stabilire dei limiti. Infatti, chi cerca di farsi avanti, in questo momento vi sta comunicando indirettamente, ma in modo inequivocabile, quanto siete in grado di difendere il vostro spazio e quali sono i vostri punti deboli. La paura e i sensi di colpa non li impiega a caso, ma con le persone sulle quali sa che sortiranno un effetto: sui paurosi fa effetto la paura, sugli scrupolosi il dubbio di aver fatto tutto nel modo sbagliato...

Chi cerca di farsi spazio ci lancia esattamente l'esca alla quale abboccheremo. Ogni volta prende di mira un problema latente in noi. A quel punto siamo costretti a occuparci di noi stessi. Veniamo distratti e all'improvviso non ci appare più così importante difendere i nostri confini. Le nostre guardie di vedetta si ritirano e cercano ora di placare un nostro conflitto interiore. L'invasore ha via libera!

"Le brave personcine": il modo in cui noi per primi attiriamo gli invasori

Molte volte siamo noi stessi a invitare gli altri a non rispettare i nostri confini. Possiamo aver alzato il ponte levatoio e chiuso a doppia mandata il portone del castello, eppure ecco che nella sala dei cavalieri ci viene incontro qualcuno con un invito – e magari ci fa pure piacere vederlo! Ma come ha fatto ad arrivare fino lì? Non ha proprio l'aspetto di un invasore o di uno scassinatore!

Per spiegarvi meglio il tutto ricorrerò all'aiuto di una metafora. All'interno della nostra psiche ci sono tanti piccoli esserini che, una volta che abbiamo sprangato la nostra roccaforte, accendono una lanterna, scendono una scala, si intrufolano in un passaggio segreto, risalgono un'altra scaletta e infine aprono una porticina nascosta. Da lì inviano all'altro un segnale con le loro lanterne, per accompagnarlo poi in gran segreto all'interno della roccaforte.

Alcuni di noi hanno dentro di sé tante di queste minuscole creature munite di lanterna. Io le chiamo "le brave personcine". Vogliono fare sempre le brave. Credono di essere sempre e solo così. A non essere bravi (per loro natura non osano nemmeno dire "cattivi", visto che vogliono anche vedere solo il meglio delle persone) sono gli altri. Sì, si rendono conto che un simile ragionamento non risulta perfettamente logico, ma con le brave personcine funziona così. Loro sfruttano ogni possibilità per dimostrare a se stesse e al mondo quanto sono brave. A loro piace dare tutto, sempre e senza alcun indugio. Solo così si sentono davvero bene e il loro sguardo si illumina – tanto da fare più luce delle loro stesse lanterne.

I classici programmi delle brave personcine

Le brave personcine possono essere programmate in modi alquanto differenziati. Una reagisce subito alla richiesta di aiuto, l'altra si fa avanti quando si tratta di dimostrare generosità. Altre ancora si occupano di capire il prossimo: la comprensione è il loro elemento naturale – ovviamente capiscono anche che l'altro possa non capire –, altre personcine sono specializzate nel perdono. Perdonano subito, a volte addirittura in anticipo, prima che l'altra persona abbia la possibilità di fare qualcosa di sbagliato... Ecco alcuni dei programmi più frequenti delle brave personcine che ci creano difficoltà quando vogliamo difendere i nostri confini:

- disponibilità
- comprensione
- bontà
- generosità
- tolleranza
- apertura nei confronti dell'altro (!)
- sollecitudine
- affidabilità
- senso di responsabilità

I programmi delle brave personcine si chiamano anche "identità". Chi ne è in possesso si identifica unicamente con il lato positivo di una qualità, in genere considerata buona. Si è quindi una brava persona. E si è convinti di questo. Il lato oscuro lo si incontra là fuori, nel mondo: "Non è terribile che ci siano così pochi disposti a prestare aiuto, quando sono così in tanti ad aver bisogno di aiuto?!". Alcune delle identità delle brave personcine bastano già da sole a ostacolare i nostri sforzi per difendere i nostri spazi – come dimostrano, per esempio, i programmi "apertura verso il prossimo". In fondo bisogna pur essere disposti sempre ad ascoltare tutti!

Il fatto di dover essere di tanto in tanto piuttosto avare e parsimoniose le brave personcine, con la generosità di cui dispongono, lo ignorano volutamente. In qualche modo devono pur permettersi di essere generose! E quelle di loro che si identificano con la tolleranza non si accorgono nemmeno di poter diventare alquanto intolleranti scontrandosi con l'intolleranza altrui. Ancor più sconvolgente per loro è dover riconoscere che le buone azioni realizzate grazie alla propria natura solo in casi rari producono risultati positivi nel tempo. Chi riceve l'aiuto vive una situazione di mancanza di autonomia e, di conseguenza, si ritrova più in difficoltà di prima.

Le brave personcine disturbano il rapporto con le persone alle quali rivolgono le buone azioni e sulle quali intendono imporsi, perché segretamente si pongono al di sopra di loro. L'identificazione ci impedisce di tenerle a distanza. Ma non è tutto: molto spesso è chi si identifica con la bontà a non rispettare i confini dell'altro. Chi offre aiuto si fa insistente e invadente, dà troppo e arriva, a volte, a far sentire in imbarazzo l'altro. Chi paga, alla fine vuole avere l'ultima parola. Appare ovvio ed evidente che il ringraziamento tanto atteso non avrà luogo. E un'ultima cosa: le brave personcine attirano proprio coloro che diffidano della loro bontà e che si limitano a sfruttarle, mentre chi ha davvero bisogno spesso resta a mani vuote. Quando ci si identifica con la propria bontà, infatti, purtroppo si rimane accecati – accecati dalla troppa luce.

L'ostacolo ai miei limiti e confini è un'identità?

Quando in gioco ci sono le identità, si reagisce in modo spontaneo, senza indugi e trascinati dall'entusiasmo, come se non si fosse aspettato altro. In quel momento parte automaticamente in noi un "programma".

Anche se a posteriori riconosciamo di aver agito come sotto ipnosi, nessun'altra persona, a parte noi, ha fatto nulla. Agiamo da soli e di nostra iniziativa in base alla nostra vecchia programmazione, che in un dato momento abbiamo impostato per noi stessi.

Questo mese Karl vuole risparmiare e mettere da parte un po' di soldi per le vacanze. Ha già limitato molto le uscite serali. Ora, però, è con gli amici motociclisti in birreria. "Non spenderò molto!" si dice. Uno degli amici racconta di un tragico incidente, costato la vita a un altro motociclista. La compagna, incinta, ora è rimasta sola, senza soldi e senza lavoro. L'assicurazione non le riconosce niente e lei non ha nemmeno diritto a un'eredità, nonostante convivesse con lui già da tempo e lo aiutasse in officina con la contabilità e le pratiche. Il problema è che non risultava impiegata e loro non erano sposati. Tutti gli amici seduti al tavolo se la prendono con quelle leggi ingiuste e con le assicurazioni, che trovano sempre un motivo per non pagare. Karl prende il suo casco, vi infila in modo plateale l'ultimo biglietto da cinquanta euro che ha in tasca e lo passa agli altri. Alla fine del giro, dopo essere passato di mano a nove persone, vengono raccolti 108,65 euro da destinare a quella ragazza. Karl non lascia trapelare la delusione e il disprezzo per quegli amici così taccagni. Per il resto del mese dovrà mangiare solo minestre in scatola allungate con un po' di fiocchi di avena. Ma ci sono cose peggiori nella vita.

Tipica delle identità è l'assenza di limiti e di misura. Si dà sempre subito tutto, al cento per cento e a volte anche di più. In genere è troppo, e spesso molto più di quanto l'altro si aspetti. Ecco quindi emergere irritazioni e squilibri. Un'altra caratteristica è l'unilateralità: chi, per esempio, possiede l'identità legata alla disponibilità all'aiuto, è pronto in ogni momento ad aiutare gli altri. Lui, tuttavia, non chiede praticamente alcun aiuto per sé, e se si ritrova costretto a farlo, lo fa davvero di malavoglia. Chi agisce "ragionevolmente" in base all'identità, per sé non reclama alcuna comprensione. Per sé non conosce indulgenza. È come se per lui valessero norme differenti. Inoltre, alle persone che non sono disponibili all'aiuto (o, rispettivamente, comprensive, tolleranti, generose, responsabili, scrupolose...) reagisce rifiutandole del tutto. Si è colpiti da queste persone: chi ha un'identità attira in un certo senso individui con qualità esattamente opposte.

Esercizio: come comportarsi con le brave personcine

Per annullare un'identità è necessario collegare la parte giudicata positiva della qualità alla sua parte oscura, negativa. Così facendo scopriamo, per esempio, di essere anche noi bisognosi di aiuto e di poter accettare le buone azioni altrui, siamo costretti a riconoscere di non essere solo buoni e che la bontà

– vista da una prospettiva così univoca – non genera per forza sempre e solo bontà.
Ma come potete comportarvi a livello pratico con le vostre brave personcine dopo aver letto questo manuale, se avete scoperto di avere in voi una di queste identità? Prima di tutto è importante rompere lo schema automatico instauratosi. Dovete agire per tempo, perché le brave personcine sono incredibilmente veloci e precipitose. Rallentare la reazione permette di porre le seguenti domande:

- Vi è un pericolo di vita? La situazione richiede davvero che agisca immediatamente? Se non reagite subito e non siete costretti a buttarvi in acqua per salvare qualcuno che annega, rimane tempo per altre domande.
- Devo dare tutto subito? Oppure solo quanto ritengo per ora giusto e che eventualmente potrò integrare in seguito?
- L'altro può decidere da solo se e in che misura è disposto ad accettare il mio aiuto? Mi conviene quindi chiedergli cosa desidera!
- Mi interessa di più che stiano bene le mie brave personcine interiori o l'altra persona? (Con questo intendo anche che si senta libera, sicura di sé, responsabile, autonoma, dignitosa e migliore.)
- Devo occuparmi solo delle mie brave personcine o di mantenere relazioni buone e stabili?
- Cosa accadrebbe se permettessi alle mie brave personcine di agire in modo del tutto spontaneo e senza limiti? E cosa vorrei raggiungere io?

Ovviamente l'obiettivo non è eliminare le nostre brave personcine, abbandonarle, rinchiuderle né combatterle – non ci riusciremmo nemmeno. Si tratta di lasciarle agire consapevolmente secondo la nostra volontà. Questo implica anche insegnare loro a rispettare i confini nostri e degli altri. Solo a quel punto potranno effettivamente raggiungere quello che desiderano così tanto: qualcosa di buono per noi, per l'altro e per la relazione tra i due. E questo, naturalmente, prevede anche il rispetto dei reciproci confini!

Capitolo 7

Infanzia e limiti

Se siete madri o padri, questo capitolo vi riguarda, poiché imparare a gestire limiti e confini all'interno della famiglia rappresenta uno dei principali compiti educativi. Anche se non siete genitori, comunque, vi riguarda lo stesso, perché anche voi siete stati figli. L'esperienza con i genitori e le altre figure di riferimento dell'infanzia ci segna profondamente e determina quanto saremo in grado, una volta adulti, di difendere i nostri spazi. Non importa che siate genitori o meno: mi auguro che le riflessioni seguenti vi aiutino a sviluppare più comprensione per le difficoltà legate a questa tematica e a considerarle da una prospettiva diversa. Se così farete, vi risulterà più facile rapportarvi a esse in modo più costruttivo.

Compito della natura: crescere e ampliare i propri confini

I figli crescono. Scoprono il mondo intorno a loro, si conquistano spazi, ampliano il proprio raggio di azione e il proprio territorio, estendono i loro confini. Sono orgogliosi e felici nel riuscire a fare oggi qualcosa che non sapevano fare ieri. Aperti al mondo, si interessano di tutto ciò che li circonda. Vivono ogni minima espansione come un successo, che li motiva a proseguire e ad affrontare sfide sempre maggiori. Con le forze a loro disposizione e la capacità di assumersi responsabilità ampliano i loro confini. Questo è il compito previsto dalla natura.

I bambini sani cercano di spingersi il più lontano possibile. Quando un limite frena la loro corsa, non si perdono d'animo tanto facilmente. Insistono e insistono, finché lo percepiscono davvero. Questo vale sia per i loro limiti individuali sia per quelli di chi li circonda. Per questo motivo sono sempre i bambini a ricordare a noi adulti i nostri limiti. Grazie al loro sesto senso individuano ogni volta i nostri punti deboli. E, così facendo, ci sfidano.

Compito degli adulti è aiutare i bambini a imparare a riconoscere e rispettare i loro limiti, come pure quelli degli altri – per esempio i nostri. Non sanno ancora farlo. E la lezione non è sempre facile, perché le persone intorno a loro non forniscono necessariamente segnali, né li aiutano sempre a percepirli. Molte volte, inoltre, gli stessi adulti dai quali essi dovrebbero imparare non danno un buon esempio: non sanno bene come comportarsi con i loro limiti personali, né tanto meno con quelli del figlio. Li individuano solo troppo tardi o non osano nemmeno fissarne.

A non rispettare i limiti spesso si impara da altri

Molti genitori sono orgogliosi della propria totale dedizione ai figli, che li porta quasi a dimenticare se stessi. Per la prole fanno di tutto, ignorando i loro limiti personali. Anche in periodi di serenità e benessere sono convinti di doversi sacrificare. Danno tutto e a volte troppo, rinunciando a un sacco di cose e convinti di farlo per il bene dei figli. A volte rinunciano persino a una vita propria, sia di coppia sia individuale: tutto ruota sempre e solo intorno ai figli. In famiglie di questo tipo i limiti non vengono considerati. Non li si percepisce, li si ignora. Questo vale per i limiti propri, per i limiti del partner e per i limiti dei figli.

Si tratta però di una situazione a rischio, perché anche questi genitori hanno dei limiti. Tendono a chiedere sempre troppo a se stessi, per poi vedersi riportare con i piedi per terra nel momento in cui si rendono conto di avere esagerato. Succede quando si sentono più deboli. È in quel momento che sono meno in grado di controllare la reazione all'avere chiesto troppo a se stessi. Perdono la testa, si infuriano e in un attimo possono distruggere tutto quello che hanno costruito nel corso di anni. Genitori pacifici e pacati ricorrono alle mani, l'apprezzamento si trasforma in disprezzo, l'amore in odio. Chi non esplode, implode sviluppando sintomi e malattie, o riscontrando un crollo a livello energetico. Nell'ignaro bambino – vale a dire colui che, apparentemente, avrebbe violato il limite – tutto questo suscita turbamenti e sensi di colpa.

Lo sforzo eccessivo cui si è costretti viene spesso imputato al bambino o considerato un proprio sbaglio, ma in realtà è conseguenza dell'avere chiesto troppo a se stessi, a sua volta risultato di un'immagine idealizzata della persona. Sentirsi in colpa in genere non fa che intensificare la pretesa troppo elevata. Spinti dal bisogno di riparare a questo "scivolone", i genitori cercano di essere migliori nel proprio ruolo. Si sforzano ancora di più di ignorare i propri bisogni e le proprie esigenze e di non accorgersi dei propri limiti, finendo per esagerare ancora e a quel punto infuriarsi – uno schema che, una volta instauratosi, diventa automatismo. Chi ne è coinvolto tende a concentrarsi sull'evitare di perdere il controllo, ma l'energia accumulata non è più gestibile da tempo. Sarebbe più efficace impedire in anticipo l'accumularsi di rancori e irritazioni, permettendosi di entrare maggiormente in contatto con sé e di avvertire i propri bisogni, di individuare i propri limiti, di riconoscere per tempo la collera e agire in merito.

Infanzia in territori minati

Alcune infanzie soffrono dell'assenza di limiti riconoscibili. Non c'è bisogno di assistere a tante scenate da parte dei genitori per vederle imprimersi a fuoco nella mente e nell'anima:

bastano tre o quattro volte. Anche se si sopravvive, ogni volta si assiste a una piccola fine del mondo. Il bambino capisce di muoversi su un terreno non sicuro. L'amore – il terreno sul quale ha costruito – può trasformarsi da un momento all'altro in odio distruttivo; la forza e la superiorità dei genitori, sotto la cui protezione si è sentito fino a poco prima, diventano all'improvviso una minaccia alla sua incolumità fisica e alla pura sopravvivenza.

Nonostante in una famiglia di questo tipo lo spazio tra genitori e figli non sembri conoscere confini da percepire per tempo e rispettare, in certi momenti l'amore dei genitori si dimostra alquanto limitato. Niente è più lontano dall'amore del concetto di limitatezza. L'amore di questi genitori, invece, a volte si trasforma all'improvviso nel suo esatto opposto. Dovrebbe già confermarsi in quanto tale quando il bambino sembra non averne bisogno, invece quest'ultimo se lo vede sottrarre proprio quando più gli serve. Per rimediare i genitori tenderanno a reprimere il bambino e bloccarlo quando chiederà di ampliare i propri orizzonti e andarsene alla scoperta del mondo. Una famiglia di questo tipo non è più un porto che offre protezione, ma il luogo più pericoloso al mondo, che tutto a un tratto può trasformarsi in inferno se se ne violano le regole segrete.

Su un amore di questo genere un figlio non può costruire niente. Quelli che sono stati costretti a sperimentarlo cercano spiegazioni e punti di riferimento stabili: quali sono le condizioni, finora mai chiarite, da rispettare per essere effettivamente amati? E in quali situazioni l'amore si trasforma così improvvisamente nel suo contrario? In queste famiglie l'amore, che per sua natura dovrebbe essere incondizionato, sottostà a determinate condizioni. Di conseguenza, un figlio comincia a pensare di smettere di essere amato ogni volta che cerca di farsi valere. Un altro riconosce di dover fare i conti con la violenza quando cerca di imporre la sua volontà. Un altro ancora si rassegna al fatto che quando si sente vitale, felice, forte e vuole osare di più, l'amore gli venga sottratto. Un altro ancora crede che gli succeda la stessa cosa se lascia trasparire emozioni non gradite, un altro se lascia trasparire qualsiasi forma di emozione... Le conclusioni alle quali giungono i bambini possono essere molto differenti tra loro, ma tutte finiscono per determinarne la vita futura. Si instaurano così automatismi che si seguiranno una volta adulti, pur avendone dimenticato la formulazione e l'occasione nella quale si sono instaurati.

Di generazione in generazione: come si tramanda lo schema

Coloro che, a causa delle esperienze del passato, collegano inevitabilmente la ricerca e il rispetto dei limiti a sfuriate, violenza fisica e psicologica, malattia, sintomi e sensi di colpa, in genere hanno sviluppato un'avversione nei loro confronti. Troveranno difficile percepire i propri limiti e difendere i propri confini. L'esperienza di quanto preziosi siano limiti ben definiti manca loro totalmente: per esempio non hanno mai avuto modo di sperimentare quanto il rispettarli trasmetta sicurezza e senso di responsabilità. Queste persone tendono invece a sminuire l'importanza dei limiti e a collegarli all'idea di ristrettezza mentale ed egoismo. Coloro che hanno alle spalle esperienze di questo tipo, una volta genitori, tenderanno a ignorare e a violare i limiti – i propri e spesso anche quelli dei figli – tramandando così il vecchio schema.

Riconoscere e rispettare i limiti e i confini del bambino

Il proprio spazio con le sue leggi naturali è anche per il bambino specchio delle sue possibilità, competenze e della capacità di prendersi cura di sé, di difendersi e di agire in modo responsabile. Cosa posso aspettarmi che il bambino faccia e cosa no? Per capire quali sono i suoi limiti è necessario essere in contatto con lui, in modo da percepirlo.

Chi limita troppo il figlio lo indebolisce. A livello immaginario quel bambino farà tanti castelli in aria, ma nella realtà non riuscirà a realizzarsi appieno. Il divario tra realtà e immaginazione si allargherà sempre più con il passare del tempo. Il figlio a un certo punto non riuscirà nemmeno più a valutare quanto può osare, quali sfide è in grado di affrontare e cosa invece va al di là delle sue possibilità.

Chi, al contrario, al figlio impone limiti eccessivamente blandi, magari concedendogli troppo, pretende da lui più di quanto è in suo potere. Il bambino, infatti, si troverà davanti a situazioni che non è in grado di gestire e, di conseguenza, sperimenterà sconfitte e insuccessi. A quel punto si ritroverà in una situazione troppo limitata. Si sentirà più impotente e incapace di quanto sia in realtà.

In entrambi i casi si abbandona il figlio a se stesso. Lo si indebolisce, anche senza volerlo.

Ancora più complicato è il caso in cui in certi momenti si limita troppo il figlio, mentre in altri lo si lascia troppo libero. Il bambino passa da una situazione in cui gli viene chiesto troppo poco a una in cui gli viene chiesto troppo, e non sa più cosa fare.

Questo stringere e allentare le corde diventa ancora più pericoloso quando al bambino si tengono in un certo modo segreti i limiti stabiliti – per esempio perché per primi non li si conosce e li si nota solo troppo tardi. Ci si può immaginare la reazione del bambino: si ritrova dibattuto tra situazioni in cui sembra potersi espandere liberamente e altre in cui rischia di spingersi troppo oltre. Sforzarsi di capire dove si trovino i limiti al momento presente porta un bambino a doversi continuamente immedesimare nell'adulto e confrontare con lui. La non chiarezza da parte dei genitori o di altre figure di riferimento impedisce al bambino di sviluppare autonomia e di maturare. Nei casi estremi i genitori trasmettono messaggi contraddittori: "Ti puoi spingere oltre, ma guai se pensi davvero a farlo!", "Cresci e diventa grande e forte, ma rimani sempre il piccolo di mamma!".

Quando un bambino avverte chiaramente il suo spazio vitale e i suoi confini e li sente rispettati, può smettere di preoccuparsi di piccolezze e concentrare tutta l'attenzione sul crescere e sviluppare al massimo le potenzialità a sua disposizione.

Limiti e confini trasmettono sicurezza

Limiti e confini chiari trasmettono a un bambino un senso di sicurezza. Gli comunicano un permesso: qui c'è il tuo territorio, il tuo campo d'azione, dove puoi imparare ad assumerti responsabilità e a prendere decisioni. Puoi organizzarlo come meglio credi. Anche i limiti che i genitori pongono a un figlio gli infondono sicurezza, sebbene all'inizio sembrino suscitare delusione e scontento. Di norma, lui tenta subito di farli allentare un po', ma se i genitori si lasciano convincere e cedono, lui non è affatto felice: così facendo, papà e mamma si dimostrano troppo deboli. In situazioni serie probabilmente non si può contare su di loro. E questa esperienza crea di nuovo insicurezza nel bambino.

I genitori cederebbero anche se si trattasse di difendere o proteggere il figlio da pericoli e minacce? Stabilendo limiti e insistendo perché vengano rispettati, essi dimostrano forza e soprattutto affidabilità. Con la stessa decisione e coerenza difenderebbero il figlio da una possibile minaccia. Una volta chiarito questo, il bambino può dedicarsi tranquillo ai suoi interessi e alle sfide di ogni giorno, sfruttando appieno il suo campo d'azione.

Quello che metto in pancia lo decido io!

Vi ricordate ancora scene come questa: "Un cucchiaino per la mamma, un cucchiaino per il papà..."? E quando si arrivava al cucchiaino per zia Bertha e voi non ne potevate proprio più, magari vi dicevano pure: "Allora zia Bertha sarà tanto, tanto triste. Poverina... ti ha anche regalato quel bel libro illustrato!". Chi riesce a dire no, a quel punto? Soprattutto quando si è così piccoli.

Con questi sistemi e altri simili si è fatta perdere a generazioni di bambini la sensibilità nei confronti dei propri limiti, manipolando i loro tentativi di difendere il loro spazio. Quello che si chiedeva allora non era la capacità di delimitare se stessi, ma l'obbedienza. Solo quelli che dicevano sempre sì erano i benvenuti. Riconoscere e difendere i propri spazi è invece un'importante lezione per la vita. È questo a determinare, più avanti, se siamo in grado di prendere le distanze da tutto quello che ci propinano i media, o se ce ne lasciamo travolgere; se riusciremo a mantenere il nostro peso forma e a gestire bene consumo e denaro nella società dello spreco. E anche se fin da bambini riusciremo a sottrarci per tempo a eventuali ingerenze o abusi.

Dall'altra parte c'è la tentazione: quante cose belle ci vengono messe a disposizione! Chi non le vorrebbe avere subito e chi non vorrebbe avere subito tutto? Un bambino deve prima imparare a porsi dei limiti. Una cosa per volta. In noi c'è ancora la paura primordiale di non avere abbastanza, di andarcene a mani vuote. Risale ai tempi in cui non c'era a sufficienza per tutti. All'epoca tutto era limitato – non c'era bisogno di porsi dei limiti! Oggi è importante dire "no, grazie" quando si capisce che è abbastanza.

Una situazione classica. Davanti al bambino c'è un piatto troppo pieno. Forse è stato lui a servirsi una porzione esagerata, o forse sono stati i genitori. In ogni caso, in questo modo non gli si insegna a regolarsi con i suoi limiti, perché comunque si proceda, si sbaglia. Una buona lezione sarebbe adeguare la porzione alle reali possibilità del bambino. Per i genitori significherebbe non riempirgli troppo il piatto e informarlo che c'è altro cibo in pentola, per cui potrà averne ancora una volta terminato quello che ha davanti. In tal modo lui sperimenterebbe un successo nel riuscire a portare a termine quanto si è prefisso, vale a dire mangiare tutto quello che ha nel piatto.

Quale condizione verrà interiorizzata dal bambino e collegata alla sensazione di piacevolezza, di sicurezza e di familiarità? La sazietà e l'intorpidimento di chi ha mangiato troppo o un senso di appagamento e di energia? Avvicinarsi al limite è sempre la cosa migliore. Vale anche per i bambini così come per il cibo. È risaputo che, nel momento in cui qualcosa ci piace di più, bisognerebbe smettere di mangiarla. O, al massimo, dare ancora uno o due morsi, perché da piccoli è difficile accettare una cosa simile. A quel punto si sarà colmato il senso di fame e ci si sentirà svegli e vivaci, pieni di energie. Ogni altro morso non farebbe che indebolirci. Questa esperienza, comunque, si può fare solo se a tavola si ha sufficiente tranquillità per mangiare con calma, perché la sensazione di avere mangiato abbastanza richiede sempre, prima, un attimo di pausa.

Il fascino dei media

Siamo tutti dotati di un cervello che va autonomamente alla ricerca di stimoli. Un tempo, vale a dire nella preistoria, per riuscire a sopravvivere era importante individuare subito possibili pericoli e sapere quanto cibo c'era a disposizione. Da allora il cervello non si è praticamente modificato. Anche oggi, nell'era dell'informatica, continua ad andare alla ricerca di stimoli per assicurarci l'esistenza, nonostante subiamo una vera e propria inondazione di informazioni da parte dei mezzi di comunicazione. Persino agli adulti riesce difficile non reagire in continuazione a essi. Si arriva a casa stanchi dal lavoro, rallegrandosi di avere finalmente un po' di pace, senza tenere conto del fatto che il cervello parte da solo alla ricerca di altri stimoli. E così ci si ritrova, pur non volendo, davanti al televisore. Alla fine si passa semplicemente da un'eccessiva quantità di stimoli a un'altra. Se così tanti adulti non sono in grado di gestire e difendersi da questo eccesso di informazioni, come ci si può aspettare che ci riescano i bambini? Spesso non siamo nemmeno in grado di dare loro il buon esempio.

Sono dell'opinione che molti genitori considerino innocuo il vedere la televisione. I programmi per bambini non contengono né scene di sesso, né scene di violenza, ma nonostante questo tutte quelle immagini e le sequenze che si susseguono in modo estremamente rapido possono sovraeccitare il bambino. Il tempo che trascorre davanti alla televisione è tempo sottratto al gioco e al movimento. Troppi stimoli uniti a troppo poco moto costituiscono una miscela davvero pericolosa!

I genitori devono porre un limite al tempo passato dai figli davanti alla tv, perché aspettarsi che lo facciano loro è chiedere troppo: dietro ogni immagine ce n'è un'altra... e poi come va a finire? Una volta immersi nell'affascinante mondo delle immagini non si avverte più il proprio corpo. A quel punto non ci si accorge nemmeno più di come ci si sente e che la quantità giornaliera di televisione è già stata superata da un po'.

Per questi motivi è necessario limitare l'uso della televisione o dei videogiochi. Per quanto riguarda il movimento, vale il contrario. Nell'epoca in cui viviamo non si può fissare per questo un limite massimo, ma solo uno minimo: è bene fare tanto movimento quanto basta a farci sentire in forma. Esiste una correlazione tra movimento fisico e capacità di elaborare stimoli. Più ci si muove, più si riesce a sopportare stimoli e stress. Non sarebbe una buona idea far dipendere le ore di televisione da un limite minimo di sport e di moto?

Petra, madre di due ragazzine adolescenti, ha introdotto in casa una nuova valuta. Ha chiamato in modo spiritoso le banconote che distribuisce la sera "Miles and more". Per un'ora di sport e di moto le figlie ottengono il permesso di guardare venti minuti di tv. Da quando è stato introdotto questo metodo, le ragazze scelgono le trasmissioni in modo molto più attento. Si rendono anche conto di stare meglio dopo avere giocato all'aperto e fatto sport anziché dopo avere mangiato davanti alla televisione e assorbito un'infinità di stimoli. La regola ha ripercussioni positive anche sulla vita di Petra: con il marito fa molto più spesso passeggiate serali, a volte per fare attività fisica, a volte solo per rilassarsi, e in tali occasioni hanno modo di parlare di tante cose. Da quando ha iniziato, dorme molto meglio. In famiglia, inoltre, si respira un'atmosfera più serena.

Mostrare i limiti ai bambini

I bambini devono imparare nel loro stesso interesse a percepire i loro limiti. Devono però anche riconoscere quelli degli altri e rispettarli. Se questi non risultano molto chiari, la soluzione migliore è accordarsi in merito – mille volte meglio che fissare limiti esagerati.

Jakob, quattro anni, ama tantissimo i cani, soprattutto quelli di grossa taglia. Alla madre fa piacere che il figlio, come lei, apprezzi gli animali e non vuole privarlo della gioia di accarezzarli. Gli spiega che quando il cane è al guinzaglio può farlo, perché non c'è pericolo...

Angelika, cinque anni, è una bambina dolcissima e piace a tutti. Fino a oggi ha avuto solo belle esperienze con gli estranei. Dato che è una brava bambina, i genitori non le hanno mai proibito praticamente nulla, ma dopo che al mercatino di Natale si è persa, la situazione è cambiata. Terrore da parte loro, lacrime da parte della piccola. Ora esistono regole chiare per evitare che la cosa si ripeta: a volte i limiti si possono anche misurare concretamente in metri. Quindi, se Angelika si vuole allontanare di nuovo quando è in giro deve prima avvisare mamma e papà, in modo che possano tenerla d'occhio.

Con i bambini è bene essere chiari, però ricordate che divieti drastici contenenti le espressioni "sempre" e "mai" risultano lontani dalla realtà, creano dei blocchi e possono inibire un bambino per sempre. Come dovrebbe reagire un bambino, per esempio, se un cane mai visto prima gli si avvicina per farsi accarezzare? E quanto sopporta di essere tenuto sempre per mano? Magari si allontana mentre i genitori si distraggono per salutare dei conoscenti. In quel momento non conosce più limite alcuno. Si possono invitare questi bambini a chiedere: "Mi scusi, posso accarezzare il suo cane?", oppure: "Posso andare alla bancarella dei dolci laggiù?".

Ma come possono i bambini riconoscere e rispettare i limiti altrui se tanti adulti sono i primi a non farlo e non pensano nemmeno di chiarire quali siano? Soprattutto nel rapporto con i bambini si riscontra molta ipocrisia. Molti adulti, per esempio, credono di dover trovare dolce e carino ogni bambino che incontrano. E alcuni pensano di dover permettere tutto ai bambini degli altri solo perché i genitori farebbero altrettanto. Non ci si rende conto che comportandosi così si trasmette un messaggio contraddittorio e si confondono loro le idee in merito ai limiti. Un esempio ce lo dà la vicina che sorride accondiscendente dicendo che non è un problema se il piccolo si pulisce le mani sporche di cioccolata sul suo divano. Peccato che dentro di sé stia ribollendo di rabbia. Non sa con chi dovrebbe irritarsi di più: con il piccolo? Con la madre, che non fa altro che guardarlo con occhi sognanti, o con se stessa per non aver osato intervenire per tempo?

L'interazione con i compagni permette a un bambino di imparare molto più facilmente la lezione sui limiti, perché i piccoli sono più naturali e spontanei degli adulti. Sanno regolarsi tra loro. Purtroppo, però, hanno sempre meno occasione di entrare in contatto e interagire senza la presenza di qualche adulto.

Discutere sui limiti

Quando i limiti vengono collocati correttamente, sia genitori che figli ne traggono vantaggio. Entrambi hanno modo di essere se stessi. Entrambi possono provvedere ai propri bisogni. Questa condizione ha un riscontro positivo anche a livello fisico. Per mantenerla è necessario che entrambe le parti arrivino a discutere apertamente sui limiti. Lo si potrebbe fare, per esempio, nel giorno del compleanno del figlio, oppure la sera precedente, e chiedersi: com'è andato l'anno appena trascorso? Quali passi avanti ha fatto il bambino? Cos'ha imparato a fare e cosa non ancora? Di quanta responsabilità è in grado di farsi carico e desidera farlo? Discutere su questioni di questo tipo aiuta a creare un collegamento tra libertà del bambino, crescita e responsabilità.

Limitarsi nel fissare limiti

In alcune famiglie si pongono continuamente limiti ai bambini. Tuttavia, più se ne fissano, meno si tende a farli rispettare. Questo, a sua volta, porta i genitori a volerne introdurre di ulteriori, anch'essi destinati a rimanere violati. Spesso ci si dimostra sempre più severi, ma il risultato non cambia. I limiti posti non vengono presi sul serio dai figli. E come potrebbero farlo se i genitori per primi non sembrano convinti? Le infrazioni hanno come unica conseguenza il far formulare altri limiti che, come quelli precedenti, non verranno messi in pratica. Sembra quasi che si instauri una sorta di gioco. In ogni caso le due parti combattono l'una contro l'altra. In genere il gioco termina con urla e, a volte, anche con lacrime.

Quando si riconosce che in situazioni di questo tipo scatta una sorta di automatismo, sarebbe consigliabile porre fine al gioco. La soluzione può arrivare solo dal più intelligente. Interrompete questa dinamica e limitate la tendenza a porre limiti. Formulatene di meno, dove è davvero necessario e assicuratevi che vengano rispettati! Guardate i bambini, mentre parlate loro. E non usate un tono irritato – fa ancora parte del gioco precedente –, ma chiaro e neutro. Centratevi su voi stessi e chiarite bene il tutto! Solo così dimostrerete ai bambini che non si tratta del proseguimento della puntata precedente, ma che ora fate sul serio. A volte non è proprio facile uscire da un gioco che si è protratto per tanto tempo, perché ha alle spalle una lunga storia ed è ormai diventato abitudine.

Si può rispettare solo un certo numero di limiti, anche da adulti, nel rapporto con se stessi

Tendiamo a trattare noi stessi nel medesimo modo in cui ci trattavano gli altri da piccoli. A volte tentiamo di fare il contrario e sviluppiamo un conflitto interiore. Come ci sono stati posti i limiti? Erano chiari? Era possibile rispettarli? Li si poteva facilmente evitare o ignorare? E come reagivano i grandi se non li rispettavamo?

Per capire come regolarci con i figli possiamo prendere come esempio la nostra capacità di autocontrollo. Chi di noi non si ripropone, a Capodanno, di mangiare, bere, spendere e lavorare di meno nel nuovo anno? Se ci poniamo limiti troppo stretti e obiettivi troppo elevati, dopo solo pochi giorni e poche settimane abbandoniamo tutti i buoni propositi. Anche i più volonterosi gettano la spugna e si rassegnano all'ennesimo fallimento.

Chi pretende troppo – che si tratti di dieta, di ore di lavoro, di risparmi o di attività fisica – si vede ben presto riportato con i piedi per terra. Per non parlare di quando ci prefiggiamo più obiettivi allo stesso tempo. Chi vuole perdere peso, smettere di bere e magari anche di fumare, si pone chiaramente un traguardo che va oltre le sue possibilità – a meno che non si sia costretti a farlo per motivi di salute: quando siamo in pericolo disponiamo di forze del tutto eccezionali e reagiamo in maniera diversa. In quel caso riusciamo ad attenerci ai limiti prefissati e a raggiungere obiettivi importanti.

Capitolo 8

Andare oltre

Quando in determinate situazioni non si è in grado di delimitare se stessi

Di tanto in tanto ci imbattiamo in situazioni nelle quali non riusciamo a far rispettare i nostri limiti. Addossarsene la colpa sarebbe sbagliato, ci farebbe sentire ancora più impotenti e meno in grado di difendere il nostro spazio. Molte volte, infatti, non riusciamo a farlo proprio perché in quel momento non siamo abbastanza forti rispetto a chi abbiamo di fronte. Magari entrano in gioco anche la paura o il senso di colpa, oppure ci sentiamo inermi di fronte a qualcuno che ci è di molto superiore. Tutto questo può vanificare i tentativi di stabilire i nostri confini. A volte il problema è che non siamo sufficientemente nel momento presente. Siamo occupati a fare altro. Magari avevamo valutato diversamente la situazione e non ci aspettavamo che all'improvviso proprio quella persona sferrasse un attacco.

Riuscire a far rispettare i propri confini in ogni situazione della vita è un'idea del tutto illusoria. Inoltre, prendendo sempre distanza da ogni cosa rischieremmo di sprofondare in uno stato di stagnazione, senza più alcun cambiamento. Vedere i nostri limiti non rispettati ci fa capire inequivocabilmente quali sono i nostri punti deboli. Se accettiamo questa sfida ci regaliamo la possibilità e lo stimolo a crescere e a migliorare.

Non rimanete inattivi: fatevi da parte!

Se non riusciamo a difendere i nostri spazi in una determinata situazione, non dobbiamo per forza rassegnarci e gettare la spugna, ma considerare il tutto una preziosa opportunità per scoprire molto di noi stessi. Se osserviamo attentamente, riconosceremo nei minimi dettagli il modo in cui siamo arrivati a tal punto e quali dinamiche sono entrate in gioco. Perché il limite non è stato rispettato? Potrebbe essersi trattato di una distrazione da parte nostra provocata da uno stimolo esterno, o del fatto che stavamo semplicemente pensando ad altro.

Proprio come nell'esercizio in cui vi suggerivo di osservarvi mentre pensavate, potete prendere le distanze da varie situazioni quotidiane, siano esse superate o ancora in corso, e guardarvi dal di fuori (dopo esservi esercitati un po'). Farlo offre anche un altro vantaggio: non vi sentirete più inermi e passivi, ma in grado di agire.

Esercizio: farsi da parte

Per esercitarvi, scegliete una situazione recente in cui avete subìto una certa ingerenza (non grave) e nella quale desiderate osservare meglio cosa è successo in voi. Più avanti potrete applicare questo metodo anche a situazioni più rilevanti. Riportate alla mente l'accaduto in modo dettagliato e procedendo per ordine. Chiedetevi: cosa ho pensato? Come ho giudicato la situazione? Come mi sono sentito a livello emotivo e come a livello fisico? Prestate attenzione ai cambiamenti che hanno avuto luogo, perché forse all'inizio sia i pensieri sia le sensazioni erano diversi.

Poi spostatevi in un altro posto, non solo a livello immaginario. Fatevi davvero da parte, in modo da potervi guardare dal di fuori. Vi osserverete come se foste un'altra persona, per esempio un caro amico che vi ha chiesto di dare un'occhiata e riferirgli quanto rilevato. Potete immaginare una lastra di vetro che separa le due posizioni (quella precedente e quella dove siete ora). In alternativa, potete spostarvi realmente sul

terrazzo o sul balcone di casa, in modo da osservare la situazione attraverso il vetro della portafinestra.
Da lì potreste porvi, per esempio, le seguenti domande:

- In quale "punto" siete stati colpiti?
- Riconoscete in esso un vostro punto debole?
- C'erano in gioco paure, sensi di colpa o scontri di potere?
- Vi siete sentiti deboli in quel momento?
- Eravate sottomessi?
- Eravate meno svegli e meno presenti?
- Avevate valutato diversamente la situazione?
- Nutrivate aspettative diverse?
- Come ve le eravate create?
- Quali pensieri, ipotesi e aspettative hanno permesso che il limite venisse superato?
- Quando avreste potuto ancora delimitarvi in tempo?
- Quali segnali avreste potuto inviare?
- Come avreste potuto comportarvi?
- Cos'ha impedito la vostra difesa?

Fondamentale è che nel corso di questa osservazione non rivolgiate rimproveri a voi stessi e non vi mettiate sotto pressione. Non traete inoltre conclusioni affrettate, ma concentratevi sulla percezione, o rischierete di allontanarvi troppo dai fatti. Senza di essi non fareste che ricadere nel modo di pensare già adottato. Potreste anche porvi di nuovo le domande proposte all'inizio del libro. Si trattava di quesiti molto specifici. Probabilmente ora siete in grado di fornire in merito risposte più precise.

Se non si può fare altro: limitare il danno prendendo le distanze interiormente

Di fronte a un potere troppo superiore incontriamo le maggiori difficoltà a far valere i nostri confini. In tal caso non ci resta che cedere terreno e accettare la situazione. Nelle questioni di potere la possibilità di difendere i propri confini è limitata, o addirittura assente. Ogni reazione spontanea manifesta potrebbe indebolirci ancora di più, provocarci ulteriori perdite o farci passare dalla parte sbagliata, peggiorando la situazione.

Solo prendere le distanze a livello interiore ci permette di reagire in modo distaccato e forse anche superiore, di non perdere la testa e di non rassegnarci. Solo grazie a un certo distacco possiamo scoprire qual è il nostro spazio di azione e optare per il modo più intelligente per gestire la situazione. Possiamo anche limitarci a osservare noi stessi, per poi attendere il momento in cui avremo consolidato e rafforzato le nostre potenzialità, in modo da agire attivamente da una posizione migliore e cambiare la situazione.

Fatevi quindi da parte e godetevi la distanza interiore!

Esempi di domande che potrebbero tornare utili in una situazione di questo tipo:

- Cosa è successo realmente?
- Quali sono i rapporti di forze?
- Cosa devo accettare di questa situazione?
- Cosa non sono costretto ad accettare?
- Su cosa posso ancora decidere da solo, esercitare un'influenza o esprimere riserve?
- Quanta libertà di azione ho a disposizione?
- Come posso sfruttarla alle condizioni esistenti?
- Come posso agevolarmi nella condizione in cui mi trovo?
- Come posso limitare al massimo le ripercussioni negative che subirò?

Anche se all'inizio questo metodo vi riuscirà solo agendo a posteriori, il "farsi da parte" porta con sé effetti positivi: evita che rimaniate rassegnati e bloccati a lungo, lasciando che collera e rabbia finiscano per logorarvi.

Impigliati nella resistenza?

Quando non riusciamo a far rispettare i nostri limiti ci ritroviamo a opporre resistenza a quanto ci assilla. Non riusciamo ad accettare il fatto che gli altri si impongano in maniera così sgarbata e più o meno diretta, prevaricando su di noi. Non deve trattarsi per forza di persone che conosciamo direttamente: a volte capita anche con personalità di rilievo a livello politico, economico o sociale. Magari non si tratta nemmeno di un abuso nei nostri confronti, anche se ci sentiamo coinvolti in prima persona. Può capitare quando, per esempio, vediamo trasmessi in televisione atti di violenza o fatti di cronaca particolarmente cruenti. Attraverso di essi vediamo non rispettati i valori che ci stanno a cuore. Meno riusciamo ad accettare una situazione del genere, più opponiamo resistenza. La consapevolezza di tali fatti si radica in noi sempre più profondamente, il conflitto si fa spazio e può finire per coinvolgerci in maniera totale. A quel punto ci riesce ancora più difficile farci valere e rischiamo addirittura, opponendo resistenza, di porci al livello di colui dal quale vogliamo prendere le distanze. Per esempio, potremmo diventare noi stessi intolleranti e crudeli di fronte alle atrocità – almeno nella fantasia. In tal caso cadremmo completamente vittime dei nostri avversari e di quanto rifiutiamo con tutti noi stessi.

Inge già da tempo ha smesso di seguire il telegiornale e ascolta le notizie solo alla radio. Le immagini di guerre civili e atrocità varie trasmesse la disturbavano troppo e le rimanevano impresse a lungo. Una volta, per esempio, durante un telegiornale si era assentata per rispondere al telefono e al ritorno si era trovata davanti le conseguenze di un attentato dinamitardo. Aveva spento all'istante, ma l'immagine di un bambino ferito da schegge di bomba aveva continuato a riproporsi alla sua mente. Per cercare di allontanarla, Inge aveva cominciato a girare per casa in lungo e in largo, ma i pensieri non le davano tregua. Era arrivata a pensare che tutti i coinvolti in quella guerra civile avrebbero dovuto essere sterminati, e nel farlo si era ritrovata a mimare il gesto di chi lancia una bomba, accusandosi poi da sola. Alla fine aveva deciso di andare a fare una passeggiata con i cani, in modo da allentare un po' la tensione. Era riuscita a concentrarsi su di essi e si era calmata.

Nei momenti critici Inge pratica la tecnica del "farsi da parte". Anche se non serve a risolvere il problema, le permette almeno di riuscire a dormire la notte.

Quando in gioco ci sono le emozioni

È proprio quando siamo in preda alle emozioni che incontriamo le maggiori difficoltà a far valere i nostri limiti. Spesso viviamo uno stress anche solo al pensare determinate cose. Al nostro interno si mobilitano energie per prepararci alla battaglia e per difendere noi stessi e tutto quanto ci è prezioso. Allo stesso tempo riconosciamo la nostra impotenza e ci vediamo costretti ad ammettere di non poter fare nulla, come nell'esempio di Inge. L'energia non ha modo di scorrere e ci sentiamo indeboliti. Difendere i nostri spazi ci risulta proprio per questo ancora più difficile.

Una delle situazioni più tipiche che genera problemi nella definizione dei confini e che coinvolge in larga misura la sfera emotiva è il rapporto tra genitori anziani e figli adulti. In genere i genitori desiderano maggiore contatto e vicinanza, vorrebbero vedersi dedicare del tempo e avere sempre con sé i figli, mentre questi ultimi hanno bisogno di più distacco per realizzare se stessi e imparare a gestire la propria vita. In loro, quindi, nasce spesso un conflitto interiore nel quale da una parte vogliono soddisfare i desideri dei genitori e dall'altra i propri. Spesso arrivano a pensare che i genitori non dovrebbero esprimere richieste di quel tipo. Si tratta, tuttavia, di un desiderio irrealistico. In una situazione di questo tipo ognuno pretende dall'altro qualcosa che questi non può dare. Ci si spinge oltre i confini altrui e il conflitto appare irrisolvibile. In tal caso è utile adottare il metodo che ora vi descrivo.

ESERCIZIO: DIRE DUE VOLTE "SÌ"

Sedetevi e immaginate di avere di fronte a voi la persona che, finora, non siete riusciti a tenere alla debita distanza. Osservate la sua situazione da un punto di vista esterno: anche se al posto suo probabilmente vi comportereste in modo completamente diverso, cercate di capire quali interessi e necessità la spingono ad agire così e quali obiettivi le stanno a cuore. Riuscite a individuare una logica di fondo nel suo comportamento? Non si tratta di immedesimarsi in lei a livello empatico, né di voler adottare per forza un atteggiamento comprensivo nei suoi confronti. Questa persona è diversa. Pensa, sente e si comporta in modo differente dal vostro. In un certo modo vive nel suo mondo, come voi vivete nel vostro. Riuscite a dire sì all'esistenza e al diritto di vivere di quella persona che avete davanti e che è così diversa da voi?
Farlo potrebbe richiedervi un grande sforzo. Forse potrà aiutarvi ripensare al momento della Creazione e all'incredibile varietà di esseri viventi nel giardino dell'Eden. Ricordate anche che da allora ha luogo una crescita che ha portato e porta tuttora ogni creatura a evolversi. Anche voi un tempo eravate diversi da ora. Anche chi vi sta davanti ha la sua storia e il diritto a evolversi, proprio come voi. Nel farlo incorrerà inevitabilmente in errori e sbagli, in imperfezioni di ogni tipo.
Se siete riusciti a dire sì e ad accettare il fatto che l'altro è così come è, allora potete fare lo stesso con voi stessi. La vostra storia di vita e la situazione che state vivendo ora giustificano il fatto che difendiate determinati interessi e pretese. Non solo è vostro diritto, ma anche vostro compito prendere posizione, agire convinti all'interno del vostro spazio e difendere i vostri confini. Dite sì a voi stessi e ai vostri limiti.

Bianca ha problemi con la madre. Questa ha quasi il doppio della sua età, gode di buona salute e vive sola e ritirata in un paesino a circa un'ora di auto dalla figlia, che rappresenta per lei l'affetto più importante. Da lei la signora si aspetta una visita ogni fine settimana.

Bianca, in effetti, la accontenta, ma ultimamente avverte sempre più resistenza nel farlo. Il solo pensarci la mette di cattivo umore. Una volta arrivata dalla madre, non riesce a reprimere l'irritazione. Insomma, quelle visite sono diventate per lei un vero tormento. La signora, da parte sua, è ancora più delusa, perché stando così le cose non riceve l'affetto e le attenzioni che desidererebbe. Di conseguenza, chiede alla figlia sempre di più, mettendola sotto pressione – un ulteriore motivo che impedisce a Bianca di recarsi da lei volentieri... Appare ovvio che così la situazione non può andare avanti. Bianca ha già tentato più volte di fissare dei limiti. Ha provato persino a interrompere le visite, adducendo impegni improvvisi o malattie più o meno reali. Niente è servito.
A un certo punto ha deciso di sperimentare il metodo del dire due volte "sì". Si è seduta su una sedia e ha immaginato di avere davanti a sé la madre. Ha osservato l'intera situazione con un certo distacco, analizzando la sua storia di vita, i suoi desideri e richieste. Così facendo è riuscita a comprenderli, anche quando arrivavano a trasformarsi in aspettative esagerate e impossibili da soddisfare. A quel punto Bianca è riuscita a pronunciare il suo "sì" e permettere alla madre di avanzare le sue richieste, anche se lei non è in grado di soddisfarle.
E ora passiamo al secondo "sì". Chiedo a Bianca se è disposta ad accettare e difendere la sua posizione e i suoi bisogni e desideri personali. All'inizio lei rimane un po' perplessa, poi riconosce di non avere mai pronunciato un sì in tal senso. Una parte di lei ha sempre creduto di dovere e anche di poter fare solo quello che voleva la madre. Ogni volta che ha cercato di soddisfare i propri bisogni si è sentita in colpa. Ci vuole un po' di tempo prima che si renda conto di non avere mai avuto le idee ben chiare circa la sua posizione. Ha vissuto a lungo un conflitto interiore che nel contatto con la madre la poneva nella posizione del più debole. Finalmente oggi è riuscita a pronunciare un sì convinto al fatto di meritare qualcosa di più dalla vita, oltre a far visita alla madre, che peraltro non è mai contenta. Bianca arriva così a una conclusione: la mamma ha il diritto di avere i suoi bisogni ed esigenze, e lei di seguire i suoi desideri.
Solo ora riesce a non fare niente di fronte alle richieste che le vengono avanzate. Riduce la frequenza e la durata delle visite in modo da non sentirsi in colpa, ma anche di venire incontro alle proprie esigenze. Quando è dalla madre è molto più rilassata e gentile. Anche la signora deve essersi

resa conto che è stata finalmente fatta chiarezza e, da parte sua, è diventata meno pressante. Complessivamente, ora ottiene molto di più di quanto sperava: contatto e affetto.

Come può essere che questo semplice cambiamento di percezione delle rispettive situazioni di vita produca, oltre che in Bianca, anche in tante persone vicine un effetto così liberatorio, permettendo loro di prendersi finalmente i propri spazi?

Uno dei motivi è senza dubbio il fatto che tale cambiamento implica il riconoscere la propria limitatezza. Già questo basta a farci apparire l'altro meno capace di imporsi. Se riusciamo a considerarlo assieme alla sua storia, alla situazione in cui si trova e al suo stato di necessità, riusciamo anche a relativizzarlo. Riconosciamo la logica della sua presa di posizione e degli interessi che difende. A quel punto ci riesce più facile osservare noi stessi allo stesso modo. Così facendo, riconosciamo anche quanto abbiamo in comune con lui: entrambi abbiamo alle spalle un vissuto, sperimentiamo situazioni e nutriamo interessi e bisogni. Questi ultimi si differenziano dai suoi solo per il fatto che a volte risultano opposti. Quando riusciamo ad accettare l'altro, riusciamo anche ad accettare noi stessi e a difendere con maggiore sicurezza e consapevolezza le nostre posizioni.

Molti di coloro che adottano questo metodo con successo raccontano di essersi resi conto di aver vissuto spesso, in passato, un conflitto interiore. Una parte di loro difendeva la posizione dell'altra persona, una parte la propria. In tal modo il conflitto esteriore si era spostato all'interno. Nonostante fossero riusciti anche in condizioni così difficili a difendere i propri confini, in seguito avevano spesso provato rimorsi di coscienza, perché il conflitto interiore proseguiva anche una volta risolto quello esteriore.

Bianca, nell'esempio sopra riportato, racconta di essersi resa conto che la madre aveva difeso solo i propri interessi; una volta riconosciuto ciò, anche lei era riuscita a trovare il coraggio di difendere i suoi spazi. In questo modo si era chiarita la situazione, si erano tracciati i giusti confini e si era resa possibile la coesistenza. Bianca era riuscita a dire no alle pretese della madre e a difendere la propria posizione, senza alcun bisogno di cadere nell'estremo opposto e smettere del tutto di andare a trovarla, bensì stabilendo un giusto compromesso e decidendo di limitare le sue visite. Da quel momento, inoltre, aveva cominciato di tanto in tanto a farle una sorpresa, andando da lei quando meno se lo aspettava, e questo alla madre faceva un enorme piacere. Nel riscontrarlo, Bianca si sentiva più forte e, di conseguenza, riusciva ad allentare un po' i limiti posti.

Il metodo del dire due volte "sì" è adatto non solo per delimitarsi nei confronti di un'altra persona, ma anche per affrontare le relazioni sociali, gli eventi che accadono nel mondo o i poteri politici. Si era rivelato efficace anche nell'esempio di Inge precedentemente riportato. A lei era servito immaginarsi in maniera distaccata il paese della guerra civile assieme alla sua storia, alle due parti in guerra tra loro e a coloro che erano coinvolti. Anche per lei è stato fondamentale riconoscere quella logica di fondo che aveva portato all'insorgere del conflitto e accettarla pronunciando un "sì", pur non condividendone affatto le conseguenze. Poi l'esercizio l'aveva portata a osservarsi dal di fuori nella propria limitatezza e all'interno della sua storia personale, e a dire "sì" a se stessa. Grazie a questo metodo molte persone riescono a mantenere una certa distanza dalle notizie e dalle immagini che vedono sullo schermo, e a reagire in modo meno emotivo.

L'idea della permeabilità

Quando ci ritroviamo bloccati da tutto ciò che rifiutiamo e al quale opponiamo resistenza, accettare la soluzione per quello che è ci risolverebbe ogni problema. Accettando, saremmo permeabili. Forse avrete visto anche voi la foto di quel santone che medita nel mezzo del caos (apparente) di una metropoli di milioni di abitanti. Tutti quegli stimoli non sembrano disturbare la sua meditazione. Lo yogi raggiunge lo stato di calma interiore attraverso la permeabilità. La frenesia, il rumore e anche i gas di scarico gli passano sopra senza disturbarlo minimamente. La marea di stimoli non viene trattenuta da alcuna resistenza da parte sua. Questo è possibile solo attraverso la totale accettazione. Forse ora vi verrà alla mente anche l'espressione cordiale e amichevole del Dalai Lama davanti al suo popolo sottomesso.

La permeabilità è un traguardo ambizioso, che solo pochi riescono a raggiungere. A questa condizione ideale non si arriva solo attraverso la volontà e l'impegno. Può emergere spontaneamente attraverso la comprensione, l'accettazione e l'amore. Anche chi percorre questa via, in ogni caso, deve proteggersi delimitando se stesso, in modo da non perdere la giusta strada e ricadere nei vecchi errori. A tale scopo è utile praticare con pazienza il metodo del pronunciare due "sì", che attraverso la doppia accettazione permette di rimanere fedeli a se stessi e al percorso intrapreso. È quindi possibile delimitare se stessi ma anche godere della virtù della permeabilità: le due cose non si escludono reciprocamente, anzi. La prima è la premessa per la seconda. Prima di tutto bisogna imparare a stabilire e far valere i propri confini.

Quando parlo di permeabilità non intendo certo il far entrare le informazioni da un orecchio e lasciarle uscire dall'altro – un consiglio che ci si sente spesso rivolgere, ma che nessuno sa spiegare come attuare realmente (secondo me si tratta solo di uno di quei modi di dire con i quali gli altri ci liquidano quando per esempio veniamo offesi verbalmente e reagiamo di conseguenza). La permeabilità è qualcosa di diverso dall'indifferenza o dall'ottusa imperturbabilità. Il metodo che segue vi mostra come esercitarvi a lasciar passare qualcosa sopra di voi senza che lasci traccia.

ESERCIZIO: APRIRE LA PORTA SUL RETRO – TRASFORMAZIONE DELLA RESISTENZA IN ENERGIA

A molte persone questo esercizio procura grande beneficio. Immaginate che tutti gli stimoli e le informazioni che rifiutate e che, opponendo loro resistenza, in questo momento state trattenendo siano entrate da una porta aperta. Concentratevi sulle reazioni che provoca in voi tale visualizzazione. Poi spostate l'attenzione dal contenuto, vale a dire pensieri ed emozioni, sugli effetti a livello fisico. Avvertite quali tensioni nascono in voi. Percepitele come potenziale energetico concentrato al vostro interno. (Fra l'altro: a che scopo potreste utilizzare costruttivamente questa energia?) Quanta energia vi fa bene? Quanta energia siete in grado di controllare? E quando diventa invece eccessiva e fastidiosa? Ora immaginate di avere anche un'uscita di emergenza. Aprite questa porticina sul retro e lasciate uscire la tensione e l'energia in eccesso. Forse vi risulterà persino piacevole avvertire al vostro interno il vigoroso flusso energetico dall'entrata principale a quella posteriore – tutta energia con la quale alimentate ampiamente gli stimoli indesiderati nel momento in cui vi ostinate a opporre loro resistenza. Questo metodo permette di sperimentare una condizione molto simile a quella della permeabilità e dà una rapida idea di come ci si sentirebbe se si fosse talmente evoluti da vivere nella completa accettazione.

L'effetto paradossale del delimitare se stessi: incontro e crescita

In generale una persona si sente sollevata nel constatare di essere finalmente in grado di delimitare se stessa. Vive un'esistenza più rilassata e armonica. Ma non è tutto: la persona riconosce anche di avere dei limiti, che accetta. Ogni applicazione volontaria dei metodi di centratura del sé e di delimitazione rafforzano ulteriormente questa consapevolezza.

Chi riconosce e accetta i propri limiti riesce a sfruttare l'intero suo potenziale e accrescere i punti di forza. Chi riconosce i propri confini si trova esattamente nel punto in cui è. Riempie il suo spazio e si prende quello che gli spetta. Questi individui non sono proiettati nel passato o nel futuro, ma nel momento presente. Non si indeboliscono allontanandosi troppo dai propri limiti. Non esauriscono ogni energia spingendosi troppo oltre, non ottenendo alcun risultato e finendo per essere respinti. Si mantengono in quella zona prossima ai limiti, dove sono più forti. Sono meno esposti agli stimoli, alle distrazioni e ai tentativi di manipolazione da parte degli altri, sanno limitarsi al campo nel quale desiderano espandersi. In questo modo riescono a raggiungere la massima efficacia nel mondo reale, allargando sempre più i propri limiti.

Limiti e confini saldi permettono l'incontro

Spesso si associa l'idea di limiti e confini alla separazione. All'inizio, in effetti, sembra funzionare così. Chi delimita il proprio spazio pone una sorta di barriera tra sé e gli altri. Tiene questi e il resto del mondo a distanza. Così facendo, tuttavia, recuperiamo in realtà noi stessi. Riconoscendo la nostra limitatezza di individui aboliamo allo stesso tempo la separazione dagli altri. A quel punto entriamo a far parte del loro gruppo, non siamo più diversi, poiché dentro di noi smettiamo di considerarci loro superiori. Diventiamo parte di loro.

Delimitare se stessi permette di fare chiarezza e fa sì che le relazioni trovino un nuovo ordine. I contatti con gli altri avvengono in modo più rilassato e naturale e non ci costano più così tanta energia. Il rispetto dei confini e dei limiti altrui crea un clima di fiducia e affidabilità. Sicuri di noi, possiamo finalmente incontrare l'altro, intrecciare relazioni, vivere un senso di fiducia e di sicurezza senza perdere il contatto con noi stessi.

Limiti e confini saldi permettono la crescita

Sono la forza e la stabilità che avvertiamo grazie a confini netti a permetterci di affrontare le sfide e di crescere. Anche noi, infatti, veniamo colti in fallo nei nostri punti deboli, ossia in quegli ambiti e quelle situazioni in cui non riusciamo bene a difendere il nostro spazio. Possiamo tuttavia avventurarci in un terreno ancora sconosciuto proprio perché i confini che abbiamo in altri settori ci forniscono appoggio.

Sembra un paradosso ma accettare la nostra limitatezza e riconoscere la realtà per quello che è ci permette di crescere e ampliarci. Solo una volta riconosciuti i nostri limiti possiamo superarli. Sfruttiamo ciò che abbiamo, e non ciò che dovremmo avere, perché possiamo riconoscere le doti e le possibilità a nostra disposizione. A quel punto possiamo affrontare la vita in maniera serena e procedere un passo dopo l'altro.

Appendice

Test di autovalutazione

Quanto riuscite a definire i vostri limiti e confini?

In ambiti differenti possiamo riuscire in modo più o meno efficace a delimitare i nostri spazi. Qualcuno potrebbe riuscire a farlo meglio sul lavoro che nella vita privata. Per un altro potrebbe accadere il contrario, o tutt'altra cosa. Un po' dipende anche dalla giornata. Le domande sotto riportate rispecchiano la vostra situazione e vi permettono di avere un'idea di quanto siete in grado di rispettare e far rispettare i vostri confini.

Indicate la risposta a voi più adeguata.

Vi riesce difficile rifiutare un favore a qualcuno?

A Non è il mio caso.

B Ho difficoltà a farlo ed esito molto prima di dire no. Quando mi decido, suona talmente poco convinto da passare quasi inosservato. In genere sento di dover venire incontro alle richieste altrui, mentre tendo a mettere in secondo piano le mie esigenze.

C Sto imparando sempre di più a rifiutare i favori agli altri, per esempio ricordando a me stesso di avere anch'io desideri rimasti inesauditi. Quando lo faccio, però, mi sento la coscienza sporca.

D Ascolto con calma le richieste degli altri. Trovo naturale che ne abbiano, così com'è naturale che non spetti a me esaudirle. A volte, tuttavia, sono davvero felice di poter fare un grande favore a qualcuno. Lo faccio spontaneamente.

A volte lavorate fino a tarda ora senza concedervi pause, per poi constatare il giorno dopo di non riuscire a combinare niente?

A Non è il mio caso.

B Il lavoro ha la precedenza. E quando lavoro non penso ad altro.

C Dipende. A volte dimentico davvero il passare del tempo. Se lo faccio volentieri, la cosa non mi crea problemi.

D Ritengo importante sul lavoro assicurarmi di stare bene e di mantenermi efficiente. Per certi aspetti sono l'imprenditore di me stesso e devo quindi provvedere a mantenermi in ottima forma. A contare, alla fine, sono i risultati nel tempo.

Tendete a dare più di quanto avreste dovuto?

A Non è il mio caso.

B Mi piace dare agli altri, anche se molte volte poi rimango deluso. Quando mi rendo conto di non ricevere alcun ringraziamento e di venire solo sfruttato dagli altri, provo molta amarezza e non faccio più niente per nessuno.

C A volte mi capita, ma non ne ritengo gli altri responsabili.

D Mi piace dare agli altri, ma procedo con gradualità e poi osservo cosa accade. Non voglio rimanere deluso, né voglio esagerare o far sentire l'altro in imbarazzo.

Vi infuriate, di tanto in tanto, o riuscireste mai a farlo?

A Non è il mio caso.

B Sì, mi capita, anche se faccio di tutto per evitarlo. Dopo la sfuriata cerco di riparare e di riportare tutto nei giusti binari.

C Ora mi capita ancora solo quando vengo travolto dagli eventi e perdo il controllo della situazione. Inoltre, le mie sfuriate non sono più così violente come un tempo.

D Fortunatamente mi accorgo per tempo che qualcosa non va per il verso giusto. Mi faccio coraggio e cerco di parlarne apertamente. Se non è possibile, mi fermo a riflettere o esco dalla stanza, in modo da non essere disturbato. A volte riconosco di non poter evitare il conflitto; in ogni caso, preferisco un confronto tempestivo e obiettivo di questo tipo che sbottare e dare in escandescenze.

Avete mai posto fine a un rapporto che aveva cominciato a starvi stretto?

A Non è il mio caso.

B Sì, proprio con persone che avevo particolarmente a cuore e che mi hanno profondamente deluso, nonostante avessi fatto così tanto per loro.

C È successo una volta, ma poi mi sono accorto di essere ancora molto legato a quella persona, nonostante avessi rotto il rapporto. Non è stata quindi una soluzione efficace. Mi rendo anche conto che avrei dovuto preoccuparmi per tempo di difendere i miei spazi.

D Non do tutto e subito, e cerco sempre di trovare un equilibrio, per cui non arrivo a queste soluzioni drastiche. Quando qualcosa mi irrita, lo faccio subito presente e chiarisco la situazione, oppure non permetto più all'altro di avvicinarsi troppo.

Avete a volte l'impressione di prestare troppo ascolto al prossimo, ma di non trovare nessuno disposto ad ascoltare voi quando ne avete bisogno?

A Non è il mio caso.

B Attiro proprio quel tipo di persone. Dopo averle ascoltate mi sento come prosciugato, mentre loro appaiono alquanto sollevate.

C Ho notato di riuscire a prestare molto ascolto agli altri e di farlo anche volentieri. Mi fa provare una sensazione di contatto profondo e intenso, anche se mi costa fatica e il prezzo da pagare mi sembra troppo alto.

D Quando mi accorgo che la conversazione sta diventando a senso unico, lo faccio presente o cerco di interrompere il mio interlocutore nel suo monologo. A volte riesco a dire anch'io quello che voglio.

La convivenza con gli altri vi pesa, a volte?

A Non è il mio caso.

B Sì. Per questo a volte evito la compagnia degli altri e sto da solo. Con il tempo evito sempre più i contatti sociali.

C Mi succede solo quando sono molto stanco o allo stremo delle forze.

D Mi rendo conto per tempo quando non sono più in contatto con me stesso e perdo energie; a quel punto torno a concentrarmi su di me. Mi chiedo anche cosa sta succedendo e come posso prendermi più cura di me.

Quando interagite con gli altri vi capita facilmente di perdere il vostro punto di vista?

A Non è il mio caso.

B Quando capisco a fondo un'altra persona e mi immedesimo in lei, comincio a pensare come lei e perdo di vista i miei interessi. Per me diventa un problema quando ho davanti due persone che difendono posizioni differenti.

C Capita quando non presto attenzione. Se non prendo posizione e non esterno il mio punto di vista, nessuno se ne accorge.

D Apprezzo la mia capacità di immedesimarmi così bene nel modo di vedere altrui, pur senza perdere il contatto con me stesso e riuscendo a relativizzare la posizione dell'altro. Ritengo un vantaggio riuscire a modificare i miei punti di vista attraverso il confronto con il prossimo.

Vi è mai capitato di trovarvi a una festa e avere una gran voglia di tornarvene a casa, ma di non osare farlo e quindi sforzarvi di divertirvi?

A Non è il mio caso.

B In quei casi rimango, anche se a volte mi costa davvero fatica. In fondo sarebbe scortese nei confronti del padrone di casa andarsene e basta.

C Cerco di capire se anche qualche altro ospite è già stanco, in modo da non dare tanto nell'occhio. A volte invento la scusa di dovermi alzare presto il giorno dopo perché avrò una giornata impegnativa, anche se fingere mi mette a disagio.

D In quei casi mi alzo, ringrazio per la serata e me ne vado. Se possibile lo faccio in modo discreto, specificando che non voglio rovinare la bella atmosfera creatasi nel frattempo.

Indugiate molto prima di trovare il coraggio di rifiutare un invito?

A Non è il mio caso.

B In genere accetto subito, pur pentendomene in seguito. A volte sovrappongo gli impegni e poi sono costretto a disdire – cosa che mi risulta difficile e mi mette a disagio.

C Dipende. Se si tratta di un superiore, ovviamente accetto subito. Con altre persone ci rifletto su bene.

D Se non si tratta di una vera urgenza, non c'è motivo di decidere all'istante. Controllo a casa con calma la mia agenda e mi assicuro di voler davvero accettare l'invito. Il modo in cui rifiuto è un discorso a parte, perché non voglio assolutamente provocare dispiacere, tanto meno a qualcuno che è così gentile da invitarmi.

Vi fate carico a volte dei problemi altrui e vi scontrate con rifiuti quando proponete soluzioni?

A Non è il mio caso.

B Rifletto spesso sui problemi degli altri e in genere trovo buone soluzioni per loro, ma quando le propongo le vedo quasi sempre rifiutate. Purtroppo non sono così bravo a risolvere i miei, di problemi, e non mi sento proporre da chi mi circonda soluzioni accettabili.

C È solo per abitudine che mi immagino possibili soluzioni per i problemi altrui; in ogni caso, le propongo solo se mi viene richiesto.

D Ho capito che ognuno vive nel suo mondo e si trova a un particolare punto del cammino della vita. Se gli altri me lo chiedono, posso aiutarli presentando loro il mio punto di vista. Spesso è sufficiente prestare ascolto agli altri e invitarli a riflettere su una particolare questione.

Tendete a mangiare o a bere più del necessario?

A Non è il mio caso.

B Spesso smetto solo quando il piatto, la scatola di cioccolatini o la bottiglia sono vuoti. Dopo, in genere, non mi sento bene. A volte penso sia una giusta punizione e in quel momento mi dico: mai più!

C Mi capita ancora di tanto in tanto, per esempio quando sono stanco o sotto stress. In ogni caso mi riprendo subito nei giorni successivi mangiando o bevendo un po' meno, facendo una dieta o eliminando gli alcolici.

D Sono bene in contatto con il mio corpo e sento se è il caso di mangiare ancora o di smettere. Così facendo mantengo il peso giusto e mi sento bene. Lo chiamo "il mio peso forma", anche se di tanto in tanto oscilla un po' e non sempre corrisponde al peso ideale.

Ritenete più importanti gli interessi degli altri rispetto ai vostri?

A Non è il mio caso.

B Spesso dimentico i miei interessi in presenza di altre persone. In quei casi mi rendo conto troppo tardi che anch'io dovevo occuparmi di una determinata questione. Quando mi riduco in queste condizioni rimango deluso dal prossimo.

C Quando l'altro mette in piazza tutti i suoi problemi e le sue questioni personali, io a volte mi lascio coinvolgere troppo. Di tanto in tanto presto troppa attenzione anche alle mie questioni personali e poi non sto bene, sapendo di averci dedicato troppo tempo.

D Quando mi accorgo che i problemi degli altri sono più urgenti dei miei, do loro tranquillamente la precedenza. A volte faccio in modo che ognuno "vuoti il sacco"; ci mettiamo d'accordo per concedere a tutti di parlare di ciò che hanno a cuore.

Vi riesce a volte difficile spegnere computer o televisore con l'inevitabile conseguenza di dormire poi troppo poco?

A Non è il mio caso.

B Mi succede di continuo. A volte mi addormento persino davanti alla tv. Solo dopo mi rendo conto che è un'abitudine malsana e mi arrabbio con me stesso.

C Me ne accorgo quando è troppo tardi, ma mi riesce spesso difficile spegnere la tv e dedicarmi a qualcos'altro. A volte non riesco a sopportare il silenzio e il vuoto e comincio ad agitarmi.

D Quando guardo troppa tv o sto troppo a lungo davanti al computer me ne rendo conto chiaramente. A quel punto cerco di capire se la trasmissione è effettivamente più importante del mio benessere.

Risultato

Quante volte avete scelto la risposta A, B, C o D?
Quale lettera prevale sulle altre?

A Quando in una determinata situazione non avete problemi nel delimitare il vostro spazio, potete stare tranquilli e realizzarvi al meglio. Se avete risposto A a tutte le domande o quasi, questo libro può solo insegnarvi ad avere comprensione per le persone che nel delineare i propri confini vedono un'ardua sfida.

B Avete un'idea di quanto la mancanza di limiti e confini ben definiti si ripercuota su un determinato ambito. Probabilmente vi rendete già conto che non potete andare avanti così ed è necessario operare dei cambiamenti. Potrete trarre enorme profitto dalle informazioni e dai metodi qui presentati, a condizione che vi decidiate ad assumervi la responsabilità di voi stessi e ad agire in modo concreto. Procedete con calma, passo dopo passo, e prestate attenzione anche ai vostri limiti, in modo da non chiedere troppo a voi stessi.

C Avete già sperimentato prospettive diverse e siete fermamente intenzionati a difendere i vostri confini. Avete anche il coraggio di sperimentare le tecniche presentate in questo libro, una dopo l'altra. Potete stare certi che con il tempo riuscirete a difendere sempre meglio i vostri spazi. Alla persona che avrete di fronte risulterà tutto estremamente naturale, e questo, a sua volta, le trasmetterà sicurezza nell'interazione con voi.

D Sapete gestire attivamente e in modo disinvolto i vostri limiti e confini e disponete già di metodi efficaci per stabilirli. Attraverso la lettura di questo manuale potete acquisire nuove informazioni su correlazioni che forse già immaginavate, oltre ad apprendere nuovi metodi per ampliare e perfezionare le vostre competenze.

Indice degli esercizi e dei metodi pratici

Percezione

P. Watzlawick, *La realtà della realtà. Confusione, disinformazione, comunicazione*, Astrolabio Ubaldini, Roma 1976.

Focusing e percezione del corpo

E.T. Gendlin, *Focusing: interrogare il corpo per cambiare la psiche*, Astrolabio Ubaldini, Roma 2001.

S. Kersig, *Im Dialog mit dem Körper. Wie Sie mit Achtsamkeit Krankheitssymptome entschlüsseln und heilen*, Kösel, München 2014.

Ipersensibilità

E.N. Aron, *The Highly Sensitive Person. How to Thrive When the World Overwhelms You?*, Broadway Books, New York 1996.

R. Sellin, *Le persone sensibili hanno una marcia in più. Trasformare l'ipersensibilità da svantaggio in vantaggio*, Feltrinelli, Milano 2013.

Utilizzo dei media

M. Spitzer, *Demenza digitale. Come la nuova tecnologia ci rende stupidi*, Corbaccio, Milano 2013.

Flow

M. Csíkszentmihályi, *Das Flow-Erlebnis. Jenseits von Angst und Langeweile im Tun aufgehen*, Klett-Cotta, Stuttgart 2000.
–, *La corrente della vita. La psicologia del benessere interiore*, Frassinelli, Milano 1992.
M. Hornig, *30 Minuten Flow*, Gabal, Offenbach 2013.

Il titolo citato *Avere o essere?*

E. Fromm, *Avere o essere?*, Mondadori, Milano 2011.

Per contattare l'autore

E-mail: rolfsellin@t-online.de

Ringraziamenti

Desidero ringraziare tutti coloro che hanno contribuito direttamente o indirettamente alle mie conoscenze ed esperienze con il processo di definizione di limiti e confini, che hanno saputo farmi presente le mie lacune e che attraverso esempi e suggerimenti mi hanno reso possibile elaborare e raccogliere informazioni e metodi sull'argomento. Oltre a essere stato prima di tutto utile a me stesso, tutto questo potrà esserlo anche ad altri.

A fornirmi lo spunto per realizzare questo libro è stata Dagmar Olzog, direttrice della sezione di psicologia e pedagogia della casa editrice Kösel. A lei va il mio particolare ringraziamento. Sono grato anche alla mia lettrice Heike Mayer per l'ottima e proficua collaborazione, nonché per la formulazione del titolo *Bis hierher und nicht weiter* ("Fino a qui, ma non oltre"), che in poche parole riesce a riflettere perfettamente quanto ho voluto spiegare all'interno di questo manuale.